AF544257

BALI

VIVI D'ANGELO
ANTJE DE VRIES

BALI

KOCHEN · REISEN · ENTDECKEN

Bassermann

Inhalt

Vorwort

Das Glück oder vielleicht doch der Gott des Meeres, hat uns nach Bali und mitten in den gastronomischen Alltag der Insel gespült. Fasziniert von der bunten, facettenreichen Kultur und der herzlichen Offenheit der Menschen haben wir uns mitreißen lassen in das Unbekannte, in eine lebendige Art von Spiritualität, in traditionelle Zeremonien und an die spannendsten und genussvollsten Orte der Insel. Vieles war ungewohnt, einiges haben wir nicht ganz verstanden, manchmal haben wir gehadert. Doch zu spüren, wie viel Gutes passiert, wenn man vertraut und Dinge einfach mal geschehen lässt, und zu erfahren, wie unmittelbar Menschen durch gutes Essen miteinander verbunden sein können, waren zwei der großen Geschenke und Überraschungen dieser Reise.

Überraschungen, ja, denn so langfristig geplant war dieses Abenteuer nun wirklich nicht. Doch schon ein paar aufregende Erzählungen von Antje, bei unserer allerersten Begegnung während der Fotoproduktion einer Rezeptstrecke, reichten, um Vivi große Augen zu machen. Tagträumereien davon, wie schön es doch wäre, all die versteckten, ja, fast sich bescheiden zurückhaltenden Aspekte des Balinesischen Alltags einfangen zu können – jenseits der westlichen Touristenbespaßung jene Insel zu zeigen, wo das Leben in schillernd bunten Farben und berauschenden Düften und Geschmäckern im Einklang mit der Natur, den Mitmenschen, den Göttern fließt. Das erleben und davon berichten, was die Balinesen wirklich machen. Das, was sie wirklich kochen, zelebrieren, essen. Wir kannten uns noch keine zwei Tage, und das Feuer für diese gemeinsame Mission war entfacht.

Von all den Begegnungen, den Zufällen und den Geschichten, mit denen die Insel uns beschenkt hat und von denen wir so viel lernen durften, möchten wir erzählen. In einer persönlichen Chronik, die keine Chronologie hat, und vielleicht auch keine Logik in ihrer Reihenfolge außer der, dass wir das so, eben gut fanden. Auch das haben wir von unseren Freunden auf Bali gelernt. Regeln hat man ja sonst schon genug. Und genau so müssen auch Sie, liebe Leser*Innen, auch nicht der Reihe nach gehen, und überhaupt müssen Sie gar nix, sondern können einfach im Text dort eintauchen, wo die Welle Sie erwischt.

Dabei berichten wir mit offenen Augen, voller Demut, mit uns bestmöglichem Verständnis, genießendem Blick und dem Herzen auf der Zunge.

Vivi D'Angelo und Antje de Vries

P U

R A

Sinar

PURA

Tempel für die Götter

Tanah Lot und der sonntägliche Tempelausflug

Die Zeitrechnung auf Bali, der Insel der Götter, ist einfach anders – nicht nur gefühlt, sondern auch gemessen. Das Jahr in diesem tropischen Paradies orientiert sich an zwei Kalendern – natürlich ganz nah am Mond, an den hinduistischen Feiertagen und an inseltypischen, animistisch inspirierten Varianten. Nehmen wir den internationalen Kalender dazu, sind es drei. Der erste Kalender heißt Saka, der sich am Gregorianischen Kalender orientiert, jedes Jahr mit Nyepi, dem Tag der Stille, und jeden Monat mit dem Neumond beginnen lässt. Um ihn mit dem Sonnenrhythmus zu synchronisieren, kommen Extramonate quasi als Zugabe hinzu. Der exklusivere Pawukon-Kalender ist aus dem Zyklus der Reisernte entstanden und umfasst 210 Tage, unterteilt in sechs Monate à 35 Tage, aber mit unterschiedlich langen Wochen. Große Inselfeiertage, Zeremonien in den Ortstempeln und Familienfeiern, Hochzeiten, Kremierungen und Geburtstage werden an dieser Zeitrechnung ausgelegt und gemessen. Wunderschön kompliziert.

Trotz dieser spannenden Zeitrechnungen und der durch sie bedingten Unwahrscheinlichkeit verstärkt sich jede Woche wieder mein Gefühl, dass es sonntags die höchste Dichte an Zeremonien gibt. Dies mag daran liegen, dass natürlich auch auf Bali der dem westlichen Rhythmus angepasste Arbeitsalltag mehr und mehr die Zeitabläufe beeinflusst und damit der Sonntag halt die meisten Freiheiten lässt. Ob diese These nun stimmt oder nicht, für mich ist der Sonntag auf der Insel einer der magischsten Tage – und Bali ist der schönste Ort auf der Welt für einen Sonntag. Ich liebe es zwar, zusammen mit meinen Kollegen hier in den Alltag der Woche einzutauchen, zudem nimmt das Grundrauschen des unaufhörlich tosenden Verkehrs inzwischen praktisch nicht mehr ab – und doch ist sonntags alles magischer und festlicher.

Unser Ziel für heute Mittag ist Tanah Lot, der Meerestempel – neben Karangasem und Uluwatu einer der wichtigsten Tempel der Insel und definitiv einer der spektakulärsten. Je nach Tide kann er entspannt über den trockengefallenen Strand erreicht werden. Läuft aber die Flut auf, wird er durch die stürmische Brandung der Westküste unerreichbar und noch geheimnisvoller.

Weit kommen wir nicht. Zwei Kilometer nach unserem Start in Sanur brausen uns zahlreiche Zweierteams wunderschöner Balinesinnen auf dem Roller entgegen. Die Fahrerin vorne lenkt geschickt durch den Sonntagmorgenverkehr, während die zweite, ihre in einen festlich-bunten Sarong geschlungenen Beine im Damensitz seitlich vom Roller streckend, einen großen bunten Turm in den Armen hält. Mit schlafwandlerischer Sicherheit bugsieren die beiden ihre farbenfrohe Fracht vor den Eingang einer Tempelanlage. Beim folgenden Manöver des Absteigens wird klar, welche Akrobatik die Damen vollbringen. Ihre bunten Türme sind große Skulpturen aus wunderschönen frischen Früchten und süßen Naschereien. Diese sind als Pyramiden auf Dulans – eine Art Tortenplatten aus buntem Holz – arrangiert und wiegen sicher mindestens sieben, acht Kilo. Konzentriert hilft die Fahrerin ihrer Beifahrerin, die Fruchtfracht nun auf deren Kopf zu wuchten. In angespannter Anmut, einen halben Meter Fruchtturm einhändig auf dem Haupt ausbalancierend, wird die letzte Etappe in den Tempel zu Fuß bewältigt, durch Tore und niedrige Türen bis ins Innere. Hier füllen sich pavillonartige Gebäude auf diese Weise zügig mit zahlreichen bunten Pyramiden. Äpfel, Mangos, Drachenfrüchte, sortenrein etagenweise auf die bunten Dulans drapiert, zwischendrin blitzt eine Reihe an Plastikflaschen von Indonesiens beliebtestem Energydrink – »alles, was einem lieb ist«, so die Charakterisierung der Güter. Obst, Candy, bunte Reiscracker ... Dazwischen thront eine Art Gesteck aus langen Bambusspießen und hautfarbenem, nicht klar erkennbarem, organischem Material. Der gastfreundliche Priester, der uns vorhin in die Tempelanlage eintreten ließ und jetzt gerade bei einer Nelkenzigarette ein wenig entspannt, sieht meinen fragenden Blick: Dies sei eine Opfergabe aus Schweinehaut – gekocht, dekorativ zugeschnitten und zu filigranen Ornamenten aufgesteckt. Von jeder Seite des Schweines wird ein Stück Schwarte genommen, um die verschiedenen Teile der Erde zu symbolisieren – so sagt's der paffende Priester. Wir unterhalten uns noch ein wenig, der Tempel füllt sich weiter mit den besonderen Opfergaben, es wird gebetet, gesegnet, getratscht. Nebenan auf einem anderen Teil des Tempelgeländes qualmen inzwischen Sate-Grills, an kleinen Büdchen werden Knabbereien und kühle Getränke angeboten, und das Spanferkel im Mini-Warung wird angeschnitten (Warung heißen die allgegenwärtigen mobilen Essensverkaufsstände, also hier Imbissstände zur Stärkung der Gläubigen). Auch mein Magen meldet sich bei dem mundwässernden Anblick.

Beim Verlassen des Tempels fällt mein Blick sofort auf eine Rauchwolke auf der anderen Straßenseite. In einem kleinen Warung raucht und zischt es. Angelockt husche ich rüber. Eine nett aussehende Dame macht ihre letzten Vorbereitungen und füllt die Auslage: Sate Babi – gegrillte Schweinefleischspieße und jede Menge Sambal, der röstaromatisch-süße Geruch betört mich. Zum Glück kann Vivi sich noch nicht ganz von dem Schwarm fotogener Damen mit Obstpyramiden auf Rollern lösen und kann mich somit auch nicht an meiner spontan-impulsiven Essensbestellung hindern. Ungesehen ordere ich schnell eine Portion von beiden Speisen, probiere erst mal ausgiebig und biete dann Vivi etwas an – eigentlich mag sie kein herzhaftes Frühstück ...

»Vivi, Anni!«, ruft es von der anderen Straßenseite. Wayan, mein Kollege vom Catering Service, entdeckt uns und kommt grinsend zu uns rübergelaufen. Er fragt, ob uns die Sate schmecken, wir nicken selig, worauf er uns zu verstehen gibt, dass es seine Mutter war, die diese Spieße zubereitet und uns verkauft hat – schöne kleine Inselwelt.

HIMMELSRICHTUNGEN

Im spirituellen und, sehr großzügig gesehen, auch im geografischen Zentrum der Insel liegt der Vulkan Gunung Agung, der Sitz der Götter. Die Wichtigkeit dieses Ortes wird unter anderem dadurch deutlich, dass auf der Insel die Richtung nicht in Nord oder Süd angegeben wird, sondern in kaja, zum Vulkan hin, und kelod, vom Vulkan weg beziehungsweise zum Meer hin. Kaja bezeichnet damit auch den heiligsten und kelod den am wenigsten heiligen Ort, was nicht nur für Gunug Agung und das Meer gilt, sondern auch für die Verortung von wichtigen Elementen innerhalb einer Wohnhausansammlung – Haustempel befinden sich auf der Kaja-Seite des Grundstücks und Waschräume auf der Kelod-Seite, die natürlich auch wieder direkt an die Kaja-Seite des nächsten Grundstücks anschließt. Osten wird pragmatisch mit kauh, Sonnenaufgang, und Westen mit kangin, Sonnenuntergang, beschrieben.

Weiter durch den Sonntag

Wir schlagen uns durch den wilden Verkehr in Denpasar – Umleitungen und Sperrungen wegen verschiedenster Zeremonien, verstopfte Straßennadelöhre, eine kurze Strecke als Geisterfahrer (Linksverkehr!), bis wir langsam in ruhigeres Fahrwasser Richtung Tanah Lot an die westliche, »kangin«, Küste der Insel kommen. »Ruhig« ist auch hier heute relativ – es ist derzeit Hochsaison für Drachen. Minitransporter mit den Ladeflächen voll mit jungen Männern, die große selbst gebaute Riesendrachen von einem Spot, einem Wettbewerb auf der Insel, zum nächsten transportieren. Welcher Drachen ist schöner, welcher fliegt höher, bleibt länger in der Luft? Es geht um die Ehre und den Spaß, wie man hört, wenn die kindlich aufgeregten, vom Wettbewerb angeheizten Gruppen in den Trucks an einem vorbeibrausen.

PURA

Der Pura Tanah Lot im kleinen Küstenort Tabanan ist Tempelpilgerort für Einheimische aus Bali und Java, Touristenattraktion und Naturschauplatz zugleich – und so fühlt sich die lange, schmale Zufahrtstraße, die in einen großen Parkplatz mündet, oft wie die Zufahrt eines Freizeitparks an: Touri-Busse, klimatisierte SUVs, Kolonnen an Scootern. Die Balinesen alle in Sarongs, den bunten Wickeltüchern, Kebaya, den festlichen Blusen für die Damen, und Udeng, dem Kopfschmuck balinesischer Männer.

Um die hungrige Pilgerschar zu versorgen, erhöht sich die Dichte der kleinen Warungs und mobiler Verkaufsstände deutlich, je mehr man sich der Tempelanlage nähert. Es fällt mir schwer, all diesen Versuchungen entlang des Weges zu widerstehen, und irgendwann muss ich links rüberfahren, als ich einen Stand mit einem großen Schild »Es Kelapa muda« entdecke – Eis mit junger Kokosnuss, bunte Gelees, gummiartige Drops, frisches Obst. »Es« ist hier und in den meisten Teilen Asiens pures Wassereis, meist schneeartig vom Block geschabt und auf verschiedenste Arten verfeinert. Hier mit junger Kokosnuss und Kokosnussgelee, als Es Kuwut mit balinesischer Limette, Melone und Basilikumsamen, oder als Es Campur, gemischtes Eis mit noch mehr bunten Gelees (Weizengras, Tapiokaperlen, Fruchtgelees) und mit Sirups und gesüßter Kondensmilch übergossen.

Während ich die gebackenen Bananen – Pisang Goreng – entdecke, entdeckt Vivi interessante Perspektiven im Reisfeld nebenan und verschwindet bis auf Weiteres darin. Ich folge ihr, da ich glaube, es ist für das Vivi-perfekte Reisfeldbild besser, wenn ich jetzt das Umfeld für sie scanne und erst nach Verlassen des Feldes vor den Schlangen, die oft die Reisfelder bewohnen, warne.

Bei der Tempelanlage Tanah Lot angekommen ist die Aufgabenteilung für mich klar: Vivi bekommt all die Zeit, die sie braucht, um die optimale Welle-Wolke-Tempel-Konstellation zu fotografieren, und ich erkunde die Streetfood-Verkäufer auf dem Tempelgelände – alles fürs Projekt! Von Klepon, den kleinen Reismehlküchlein mit Pandan und Palmzuckerfüllung, hab ich jetzt schon Monate fantasiert und kann mich kaum zügeln, der netten Verkäuferin, die gerade noch die Kokosnuss frisch reibt, nicht direkt die Tagesproduktion abzukaufen. Dieses Gefühl, wenn man erst die leicht salzige Kokosnuss schmeckt, dann die sanfte Pandan-Note freigesetzt wird und beim Beißen die flüssige, würzigsüße Füllung aus Gula Merah, dem balinesischen roten Zucker, den Mund einnimmt, hat eindeutig Suchtpotenzial. Ich reiße mich zusammen, kaufe nur eine Portion und bereue dies mindestens den Rest des Tages.

RELIGION

Bali ist als kleines Eiland im Inselstaat Indonesien, dem größten islamischen Staat der Welt, eine exklusive, bunte Enklave. »Agama Hindu Dharma« oder auch »Agama Tirtha«, die Religion des heiligen Wassers, ist die Religion, die im Hinduismus wurzelt, buddhistische Elemente trägt und von dem inseltypischen animistischen Glauben an die Kräfte der Natur und ihre vielen Gottheiten geprägt ist. Der Glaube an eine Welt in unterschiedlichen Ebenen, der Einklang des Individuums mit all diesen Welten und die Verehrung der Ahnen charakterisieren mit ihren zahlreichen Ritualen und Festen den Alltag. So vergeht kein Tag, keine Stunde, ohne dass mögliche böse Geister und Dämonen besänftigt, guten Göttern gehuldigt, Opfergaben dargebracht und Gebete gesprochen werden. Eine friedvolle, sanfte, bunte Spiritualität, die der Insel der Götter ihren Zauber verleiht.

Gut achtzig festlich in Weiß gekleidete Balinesen wandeln mit ihren Keben, den Korbschatullen für Opfergaben, zu einem Gebetsort mit Blick auf den Wassertempel. Die Opfergaben werden nach vorn gebracht, gemeinsam wird gebetet, dann werden sie wieder vorn abgeholt. Kurzes Selfie-Posing – weiter geht's zum nächsten Tempel.

Für uns geht es zur Stärkung zu einer herzlich lächelnden Dame, die, auf einem gefliesten Sockel sitzend, Obst schneidet. Hinter ihr entspannen sich fünf Männer beim Verzehr von Rujak – beste Werbung! –, wir bestellen auch direkt eine Portion. Als die Dame beim Mörsern der würzig-süßen Sauce fragt, ob es »spicy« sein darf, entgegne ich: »Pedas sekali!« – »Sehr scharf!« Die Herren im Hintergrund werden hellhörig. Eine Buleh mag es *spicy*? Einer von ihnen schnappt sich eine verdammt scharf aussehende Chili, nickt mir zu, zerkaut die Chili und schaut mich herausfordernd an – die Chili Battle beginnt! Nach vier Chilis abwechselnd für jeden – ich darf mir bloß nicht anmerken lassen, wie mir die Schärfe fast die Tränen in die Augen treibt – interveniert die Rujak-Dame aus Angst um ihren Zutatenbestand. Sie drückt mir meine Portion Rujak in die Hand, ich koste und erfrische mich mit den süßsauren Früchten. Jetzt noch ein tapferes Selfie mit der Chili-Bande, und ich kann mit Vivi und meinem Rujak zum Lockermachen um die Ecke eilen. Puh!

OPFERGABEN

Das spirituelle Leben auf Bali unterliegt grundsätzlich der Dualität aus Gut und Böse. Es gibt Orte, die tendenziell eher gut sind (so wie Berge, Quellen und die Sonne), genauso wie es Orte gibt, die mit dem Bösen behaftet sind – das Meer beispielsweise.
So lebt man in dem ständigen Versuch, sich zwischen diesen Ebenen zu bewegen, ohne auf größere Probleme zu stoßen, was sich im Verhalten der Inselbewohner selbst widerspiegelt – gegenüber der Natur, den Mitmenschen, aber auch den Ahnen, Göttern und Dämonen.
Die Opfergabe wird zur alltäglichen Tätigkeit, eben aus dieser Notwendigkeit heraus, die Mächte zu beschwichtigen oder ihnen eine Freude zu bereiten. Je nach Ausmaß des Anlasses können sich diese Opfer sehr unterschiedlich darstellen – wobei Opfern hier nicht so sehr im Sinne von »ein Opfer bringen« zu verstehen ist, sondern eher als das vom Lateinischen abstammende »offere«, also »überreichen« oder »darbieten«. Man bietet den jeweiligen Mächten etwas an und erhofft sich dafür eine Gegenleistung.
Eine Opfergabe, das kann schon einfach ein Schälchen mit ein paar Reiskörnern sein – kleine Gaben, die in den Haustempel, in bestimmte Schreine oder einfach den Dämonen auf den Boden vor die Haustür gestellt werden. An den offiziellen Feiertagen des Wuku-Kalenders kommt es auch zu größeren Opfergaben, in Form von üppig befüllten Etageren etwa, die in den Tempel getragen werden.
Die Bestandteile einer Opfergabe auf Bali sind im Grunde genommen Feuer, Wasser und Blumen. Die meisten Balinesen bauen dies allerdings aus und fügen alles hinzu, was sie so aufbringen können, entsprechend ihren Verhältnissen. So kommt es nicht selten zu ausgesprochen individuellen Mischungen und – für uns Außenstehende – auch zu oft skurrilen Anblicken, wenn sich auf den golden verzierten Etageren auf den mächtigen steinernen Altären eben auch bunte Chipstüten, Bonbons, Energydrinks oder Zigaretten türmen.
Auch die Bauart des jeweiligen Opfers unterscheidet sich von Anlass zu Anlass – manchmal werden sogar professionelle Hersteller für Opfergaben hinzugezogen, die dann Reisverzierungen formen und zu großen Kompositionen zusammenstecken, Dekorationen aus pflanzlichen Fasern flechten und, und, und ...
Was allen Opfergaben jedoch gemein ist: Die Ausgangsmaterialien müssen auf ehrlichem Wege beschafft und vor der Gabe spirituell gereinigt werden. Nach der Zeremonie, wenn die Götter die Essenz daraus aufgenommen haben, ist es den Balinesen erlaubt, die essbaren Teile bei der nächsten Mahlzeit zu verzehren.

Rujak Gula

Rujak Gula ist die süß-scharfe Variante des erfrischenden Fruchtsalats – mit einem Teelöffel gerösteter Garnelenpaste.

Zutaten für 4 Personen | Zubereitungszeit ca. 40 Minuten

2 kleine rote Chilischoten
5 EL Gula Merah (Palmzucker)
3 EL Tamarindenmus (ggf. 2 EL Tamarindenpaste in 2 EL Wasser auflösen und dann die Kerne entfernen)
1 EL Ketjap Manis
1 Prise Meersalz
600 g gewaschene und geputzte Früchte (Ananas, Papaya, Java Apfel oder normaler Apfel oder Nashi, Sternfrucht, Drachenfrucht, Rambutan, Zitrusfrüchte nach Belieben, Melone; gern auch erfrischende Gemüse wie Gurke, Staudensellerie, Radieschen oder Rettich)
2 Handvoll Krupuk (Cracker)
Kleine grüne Chilischoten nach Gusto

1. Für die Rujak-Sauce die Chilischoten putzen und fein hacken. Zusammen mit Zucker, Tamarindenmus, Ketjap Manis und Salz in einem Topf mit 2 Esslöffeln Wasser langsam erwärmen, bis sich der Zucker gelöst hat, abkühlen lassen.

2. Das Obst und ggf. das Gemüse je nach Bedarf schälen bzw. putzen und in mundgerechte Stücke schneiden. Mit der Rujak-Sauce begießen. Krupuk und nach Wunsch kleine grüne Chilischoten dazureichen.

Hinweis: Dies ist die süß-scharfe Variante. Mit einem Teelöffel gerösteter Garnelenpaste (Terasi) in der Sauce wird es herzhafter.

Tahu Isi Goreng

Ein typischer Street Food Snack, den man am besten am Strand genießt.

Zutaten für 4 Personen | Zubereitungszeit ca. 40 Minuten

50 g Reisfadennudeln
150 g Gemüse nach Geschmack (Karotten, Zwiebeln, Chinakohl, Lauchzwiebeln, Mungbohnensprossen)
1 TL Meersalz
4 EL Kokosmilch
2 EL Kokosraspel
2 TL Sesamöl
12 Scheiben fester Tofu à ca. 50 g, ca. 3 cm dick
Pflanzenöl zum Frittieren
Kleine grüne Chilischoten nach Geschmack

Teig:
½ TL Koriandersaat
1 Knoblauchzehe
1 halbdaumengroßes Stück Galgant
250 g Reismehl
1 TL Meersalz
50 g Speisestärke

1. Die Reisfadennudeln mit kochendem Wasser übergießen, zwei Minuten stehen lassen, abgießen und mit kaltem Wasser abschrecken. Das Gemüse in dünne Streifen schneiden, kurz bei mittlerer Hitze in 1 Teelöffel Sesamöl anbraten und mit Salz würzen, die Kokosmilch dazugeben, kurz einreduzieren und abkühlen lassen. Die Nudeln und die Kokosraspel mit dem Gemüse vermengen, mit Salz abschmecken.

2. Eine Pfanne oder einen Topf mit Pflanzenöl ca. 2 cm hoch befüllen und auf mittlere Hitze bringen (klassischer Test: wenn von einem hineingehaltenen Holzlöffelstiel kleine Blasen aufsteigen, ist die Temperatur hoch genug). Den Tofu darin goldgelb frittieren. Das Öl zur Seite stellen. In jedes der Tofustücke an der kurzen Seite eine Tasche schneiden, diese bis kurz vor den Rändern vergrößern. Die Tofutaschen mit der Nudel-Gemüse-Mischung füllen.

3. Für den Teig den Koriander rösten und im Mörser zerstoßen. Den Knoblauch abziehen und den Galgant schälen, beides fein hacken. Koriander, Knoblauch und Galgant mit 200 g Reismehl, Salz und der Speisestärke mischen. 250 ml sehr kaltes Wasser (Eiswasser) zügig einrühren. Das Frittieröl wieder auf Temperatur bringen. Den gefüllten Tofu in den verbliebenen 50 g Reismehl wenden, anschließend durch den Teig ziehen und im Öl auf beiden Seiten je ca. 1½ Minuten ausbacken, anschließend auf Küchenpapier abtropfen lassen. Dazu kleine grüne Chilischoten zum Knabbern reichen.

Sate Babi

Wie bei Wayans Mutter gegenüber vom Tempel in Sanur!

Zutaten für 4 Personen | Zubereitungszeit ca. 40 Minuten plus mindestens 2 Stunden Marinierzeit und Zeit zum Grillen

600 g fetthaltiges Schweinefleisch (z. B. Schweineschulter)
1 Rezept Bumbu Sate, siehe Bumbu Basics (Seite 92 f.)
2 mittelgroße Tomaten
2 EL Kokosöl
1 Prise Meersalz
1 Bio-Limette

Nach Wunsch Sambal Uleg oder Sambal Matah dazuservieren (siehe Sambal School Seite 38 f.).

1. Das Fleisch abtupfen, von groben Sehnen befreien und in ca. 2 cm große Würfel schneiden. Kalt stellen.

2. Das Fleisch mit der Hälfte der Bumbu marinieren, abdecken, kalt stellen und mindestens 2 Stunden ziehen lassen. Währenddessen 12 Bambusspieße in Wasser quellen lassen.

3. Für die Sauce die Tomaten waschen, vom Stielansatz befreien und würfeln. In einem Topf das Kokosöl erhitzen und die verbleibende Bumbu darin anrösten. Die Tomaten hinzufügen und in ca. 5 Minuten sanft zu einer Sauce einkochen lassen. Mit etwas Meersalz, der abgeriebenen Schale und dem Saft der Limette abschmecken.

4. Das marinierte Fleisch salzen und auf die Bambusspieße verteilen. Diese auf einem vorgeheizten Grill (ersatzweise in einer gusseisernen Grillpfanne) von allen Seiten in ca. 4 Minuten garen. Mit der Sauce servieren.

Sambal School

Sambals machen süchtig. Profis bereiten verschiedene Sambals für unterschiedliche Gerichte zu. Am besten stellt man gleich eine größere Menge her und bewahrt sie im Kühlschrank auf.

Sambal Matah

Rohes Sambal mit Zitronengras

2 Schalotten
2 kleine rote scharfe Chilischoten
1 Stängel Zitronengras
1 EL Kokosöl

Schalotten abziehen, Chilischote und Zitronengras putzen und alles sehr fein schneiden. Im Mörser etwas zerdrücken und mit dem leicht erwärmten Kokosöl vermengen.

Sambal Uleg

Sambal aus dem Mörser

10 Schalotten
10 Knoblauchzehen
10 große rote Chilischoten
10 EL Kokosöl
1 Prise Meersalz

Schalotten und Knoblauch abziehen, Chilischoten putzen. Alles grob hacken und im Kokosöl leicht anbraten. Anschließend im Mörser zerstoßen oder pürieren. salzen, nochmals kurz erhitzen. Das Sambal hält sich im Kühlschrank mindestens 10 Tage.

Sambal Embe

Geröstetes Sambal

2 Schalotten
2 Knoblauchzehen
2 große rote Chilischoten
2 EL Kokosöl
1 Prise Meersalz oder Terasi (Garnelenpaste)

Schalotten und Knoblauch abziehen, Chilischoten putzen, alles in dünne Scheiben schneiden. Das Kokosöl erhitzen und die Zutaten darin leicht knusprig braten. Mit Meersalz oder Terasi abschmecken.

Sambal Tomat

Sambal mit roher Tomate

1 Knoblauchzehe
1 Schalotte
2 Tomaten
1 kleine rote Chilischote
2 Zweige Koriander

Schalotte und Knoblauch abziehen, Tomaten und Chilischote putzen. Alles fein hacken und mit einer kräftigen Prise Meersalz im Mörser zerstoßen.

Sambal Soto

Sambal für Soto Ayam und andere kräftige Suppen

4 Schalotten
1 Knoblauchzehe
4 große rote Chilischoten
2 kleine rote scharfe Chilischoten
1 EL Kokosöl
2 EL Limettensaft
½ TL Salz
½ TL geriebener Palmzucker

Schalotten und Knoblauch abziehen, die Chilischoten putzen. Alles fein hacken und 1 Minute im Kokosöl anschwitzen. Anschließend alles im Mörser oder mit dem Blitzhacker zerkleinern, Limettensaft, Salz und Zucker unterrühren.

Sambal Kecang

Sambal mit Erdnüssen

2 Knoblauchzehen
2 Schalotten
2 kleine rote Chilischoten
1 halbdaumengroßes Stück Ingwer
150 g Erdnüsse
1 EL Kokosöl
200 ml Kokosmilch
2 EL Ketjap Manis
1 Prise Meersalz
2 Bio-Limetten

Knoblauch und Schalotten abziehen, Chilischoten und Ingwer putzen, alles fein hacken. Die Erdnüsse in einem kleinen Topf mit dem Kokosöl anrösten, die gehackten Zutaten zufügen und kurz andünsten. Kokosmilch, Ketjap Manis, 1 Tasse Wasser und eine kräftige Prise Salz zufügen. Unter Rühren aufkochen, pürieren und mit dem Abrieb und dem Saft der Limetten abschmecken.

Sambal Jeruk

Sambal mit Zitrusfrucht

1 Schalotte
1 Knoblauchzehe
2 kleine grüne Chilischoten
2 Kaffir-Limettenblätter
1 EL Kokosöl
½ Grapefruit oder andere Zitrusfrucht, je nach Geschmack sauer (Limette oder Zitrone) oder süß (Orange oder Mandarine)
1 Prise Meersalz

Schalotten und Knoblauch abziehen, Chilischoten und Kaffir-Limettenblätter putzen. Alles in feine Würfel bzw. Streifen schneiden. Im Mörser etwas zerdrücken und mit dem leicht erwärmten Kokosöl vermengen. Die Zitrusfrucht schälen, das Fruchtfleisch von den weißen Häutchen befreien und in kleine Stücke zerteilen, diese mit den anderen Zutaten vermengen.

Sambal Terasi

Sambal mit Garnelenpaste

2 Schalotten
2 Knoblauchzehen
2 kleine rote Chilischoten
2 EL Pflanzenöl, z. B. Kokosöl
1 TL Terasi (Garnelenpaste)
1 Prise Rohzucker, z. B. Balinesischer Palmzucker (Gula Merah)
1 Prise Meersalz

Schalotten und Knoblauch abziehen, Chilischoten putzen, alles fein hacken. Das Öl in einer Pfanne erhitzen, die gehackten Zutaten bei mittlerer Hitze 1 Minute leicht anrösten. Die Garnelenpaste und den Zucker hinzufügen, eine weitere Minute anrösten, bis alle Zutaten goldbraun sind. Mit Salz abschmecken.

Pisang Goreng

Die Bananen auf Bali haben eine feine Säure und harmonieren daher noch besser mit dem Geschmack von frittiertem Teig. In diesem Rezept steuern Saft und Abrieb einer Limette eine frische Zitrusnote bei.

Zutaten für 4 Personen | Zubereitungszeit ca. 25 Minuten

4 Bananen
1 Bio-Limette
150 g Weizenmehl
50 g Klebreismehl (Tepung Ketan)
50 g brauner Zucker
Prise Salz
2 Eier
50 ml Eiswasser
Pflanzenöl zum Frittieren

Puderzucker oder Sirup vom Rezept für Lak Lak (siehe Seite 165)
1 Bio-Limette

1. Die Bananen längs halbieren und dann noch zweimal quer schneiden, sodass sechs Stücke pro Banane entstehen. Mit dem Saft und dem Abrieb einer Limette vermengen.

2. Die Mehle, den Zucker und das Salz verrühren, aufhäufen und eine kleine Mulde formen. Die Eier mit dem Eiswasser aufschlagen, in die Mulde geben. Mit einer Gabel die Zutaten verrühren.

3. Das Öl auf mittlere Hitze bringen. (Tipp: den Stiel eines Holzlöffels ins Öl halten. Wenn kleine Blasen aufsteigen, ist das Öl heiß genug.) Die Bananen durch den Teig ziehen und im Öl ausbacken. Zum Abtropfen auf eine Platte mit Küchenpapier geben. Nach Wunsch mit Puderzucker bestäuben und mit Limettenspalten servieren.

OTO

NAN

OTONAN

Babi fürs Baby

Schlachtfest, Megibung und ground setting ceremony

Manusa-Yadnya-Zeremonien markieren die Meilensteine im Leben der Balinesen. Der wichtigste Moment für Kinder ist das *ground setting* – die Zeremonie, die den Übergang von der göttlichen in die menschliche Welt symbolisiert. Denn Neugeborene befinden sich nach balinesischem Glauben in einer Zwischenwelt – von den Göttern kommend im Übergang ins Weltliche. In dieser Phase sind sie besonders empfindlich und dürfen nicht den Boden außerhalb des Wohnhauses berühren, da dort die Dämonen über die Fontanelle eindringen und Besitz von dem kleinen Körper ergreifen könnten. Begleitet von den schützenden Ritualen eines Priesters und im sicheren Kreis der Familie werden die Kinder zum *ground setting* feierlich auf den Boden gesetzt. Diese Zeremonie findet in manchen Regionen nach drei balinesischen Monaten statt, dann heißt sie Tigabulan, in anderen nach sechs Monaten, einem balinesischen Jahr, dann wird sie Otonan genannt.

Auch Angga, der kleine Neffe von Wayan, wird heute 210 Tage und damit nach dem Bali-Kalender ein Jahr alt. Er lebt mit seiner Familie in einem Banjar, einer kleinen Ortsgemeinde, in Timbrah nahe dem Haupttempel Karangasem. Hier zelebriert man den ersten Geburtstag eines Kindes und das damit verbundene *ground setting* im großen Rahmen: mit einem Festmahl für die gesamte Dorfgemeinschaft. Die feiernde Familie kauft so viele Schweine, wie für die Versorgung des Dorfes nötig sind und der Geldbeutel hergibt. Obwohl die Kosten oft bei einem Vielfachen des Monatseinkommens der Familie liegen, ist diese Geste der Eltern obligatorisch. Mitten in der Nacht werden die Schweine geschlachtet, dann werden die Tiere bis in die Morgenstunden verarbeitet. Wer noch Zeit vor der eigentlichen Arbeit des Tages hat, nimmt am Megibung, einem gemeinsamen Essen mit traditionellem Protokoll, teil. Allen anderen wird ein Care-Paket nach Hause gebracht. Anschließend empfängt die Familie in ihrem Haus ihre Gäste, und ein Priester vollzieht die Zeremonie.

Vorbereitungen im Morgengrauen

Müde von der viel zu kurzen Bettruhe und doch aufgeregt und gespannt, setzen wir uns ins Auto. Es ist kurz vor ein Uhr nachts, und wir machen uns auf den Weg zum vereinbarten Treffpunkt, um Wayan und seine Frau abzuholen. Die beiden freuen sich, dass sie heute mal gefahren werden und die weite Strecke nicht zu zweit auf dem Roller über die unwegsamen Straßen der Insel bewältigen müssen. Ich frage Wayan, wohin es denn gehen soll – Straßenschilder gibt es kaum, geschweige denn Straßenbeleuchtung. Das Handy wird programmiert, es werden ein paar herzliche Sätze getauscht, dann ist Ruhe – die beiden schlafen auf der Rückbank, und Vivi und ich starren aufmerksam auf die dunkle Straße vor uns: gigantische Schlaglöcher, schlafende Hunde, plötzliche Kurven. In einer abenteuerlichen Fahrt durchqueren wir die Insel.

Als wir gegen drei Uhr in der Nacht am Wantilan von Timbrah, dem zentralen Gebäude der Banjar-Gemeinschaft, ankommen, müssen wir uns erst einmal in Ruhe umsehen. Durch die Dunkelheit der Nacht und den blauen Rauch um uns herum versuchen wir, uns zu orientieren und zu verstehen, was hier alles passiert: Vor dem Wantilan steht eine Gruppe von Männern in farbigen Sarongs, T-Shirts, Selendang (zeremonielle Stoffschals, die um die Körpermitte gewickelt werden) und Udeng (gewickelte Kopfbedeckung für Männer aus Stoff). Auch wir hatten versucht, unsere Kleidung dem Anlass entsprechend auszuwählen, merken nun aber, dass unsere festlichen Kebayas, die feinen Spitzenblusen, für das Schlachten wohl doch ein bisschen overdressed wirken. Als einzige Frauen und einzige Bulehs (Weiße) fallen wir sowieso auf, da sind auch die Blusen in den knalligen Farben nicht mehr ausschlaggebend.

Die Männer umringen ein großes, sicher mindestens 120 kg schweres Schwein. Weil es das größte von insgesamt drei Schweinen war, wurde es als Letztes getötet. Das Schlachten von Tieren gilt in Bali sowohl als Notwendigkeit als auch als spiritueller Akt. Grundlegend ist dabei stets die bewusste und wertschätzende Konzentration auf jedes einzelne Lebewesen als Teil der Natur.

Ein junger Mann schlitzt gerade den Bauch des Schweins auf und hebt sorgsam die Innereien heraus. In seinem weißen Sarong, mit schwarzen Kopfhörern in den Ohren, hell strahlendem Teint und hoch konzentriertem Blick widmet er sich seiner Aufgabe. Dabei umgibt ihn eine fast magische Aura von Ruhe, Fokussierung, ja, fast Anmut und Unantastbarkeit. Er ist einer der Jüngsten, und doch scheint er hier eine der wichtigsten Personen zu sein: Er spricht mit keinem, und doch arbeiten ihm alle wie auf Kommando zu.

Während er das Tier ausnimmt, sitzen sich auf dem Fußboden des Wantilans 18 Männer in zwei Reihen gegenüber. Vor ihnen rustikale Baumstammscheiben und die zuvor geschlachteten Schweine in unterschiedlichsten Teilen: Rohe Innereien, rohes

Muskelfleisch und dampfende große Stücke mit viel Fett und Schwarte werden fortwährend in die Runde gegeben. Jeder Mann wählt gezielt einige Stücke aus. Dabei scheint jeder auf besondere Teile spezialisiert zu sein. Mit großen Messern hacken sie das Fleisch und die Innereien klein. »Klong, klong, klong …« Durch das gleichmäßige Schlagen mit den großen Messern auf die dicken, teils bereits stark abgenutzten Holzscheiben entsteht ein Beat, der die Männer als konstante Begleitung durch die arbeitsame Nacht trägt. Manchmal käme es vor, dass einige Männer dabei in eine Art Trance gerieten, heißt es. Bei der Mischung aus stundenlanger harter Arbeit, der fortschreitenden Müdigkeit, dem Verharren im Schneidersitz, dem kontinuierlichen Wummern der Messer und der fast unwirklichen, raucherfüllten Nacht können wir uns das gut

Champion

vorstellen. Aber die hackenden Männer hier in Timbrah lassen sich von nichts stören, auch von uns nicht. Sie bleiben im Hier und Jetzt, unterhalten sich zuweilen und machen ihre Arbeit.

Immer wieder holen weitere Männer das zerkleinerte Fleisch ab und bringen es vor den Wantilan, wo es eine bühnenähnliche Erhebung gibt. Hier stehen große Schüsseln mit verschiedenen Zutaten bereit, deren Vorbereitung viele Stunden in Anspruch genommen haben muss. Kiloweise gehackter Knoblauch, Schalotten, Kurkuma, Zitronengras, Galgant, geröstete Garnelenpaste und Chili, die teils schon zu verschiedenen Bumbus, den typischen Würzpasten, verarbeitet wurden. Zwar sind die Grundzutaten fast immer ähnlich, aber ihre Zusammenstellung variiert je nach Gericht und Zubereitung. In einer großen Schale steht das Blut der Schweine bereit. Der Schüsselrand voller knallroter Spritzer lässt uns erahnen, wie das Schwein über dieser Schale ausblutete. Links zerkleinert einer der Männer auf einer Holzreibe schon seit Stunden Dutzende schneeweiße Kokosnüsse. Neben ihm zwei Herren, die filigrane, fast floral wirkende Ornamente aus Schweineschwarten und Chilis fertigen. Ein anderer ist hier der Chefkoch: Mit tätowierten Armen und einem Bauch, der auf eine gesunde Genussfreude schließen lässt, vermengt er Zutaten, schmeckt ab, würzt nach, nickt zufrieden.

Drei riesige Schüsseln sind mit einer lockeren Masse gefüllt: Lawar heißt die Mischung aus geriebener Kokosnuss, gehacktem Schweinefleisch, Speck und Schwarte. Die Würze kommt von den Bumbus. In einer Schale bleibt es pur, in einer anderen kommt kräftiger, intensiv gelber Kurkuma dazu. Und in der Dritten befindet sich das, was wir gesucht haben: Lawar mit einer großen Menge frisch eingerührten Schweinebluts. Intensiv in der Farbe und kräftig im Geschmack soll es sein. Wir sind gespannt und hoffen inständig, am Ende auch probieren zu dürfen.

Das Lawar ist fertig, der Koch und seine Crew widmen sich Tum, dem nächsten Gericht: Fleisch, Bumbu, Kokos und Schweineblut werden gemischt, der Fleischteig wird in Bananenblätter gewickelt und gegrillt. Auch die Masse für die Sate Lilit wird hergestellt: Fein gehacktes Muskelfleisch und Fett wird mit einer Bumbu mit Kurkuma, Zitronengras, Kaffir-Limettenblättern und viel geriebener Kokosnuss vermengt. Zur Weiterverarbeitung setzen sich Männer in kleineren Gruppen im Kreis um die großen Schalen. Mit viel Gefühl und noch mehr Übung drehen sie mit den Fingerspitzen blitzschnell etwas Masse um breite Bambusspieße. Ich soll mich dazusetzen, bekomme einen Spieß in die Hand und darf mich selbst daran versuchen, die feine, fettige, vom Kurkuma leicht gelb gefärbte Masse um die Spieße zu formen. Dass wir beide als Frauen so entspannt teilhaben dürfen, hat mich schon sehr gefreut, und dass wir jetzt auch noch mitmachen können – eine große Ehre. Traditionell ist die Rollenverteilung bei diesen Zeremonien klar: Während die Männer in der Nacht das Festessen zubereiten, kümmern sich die Frauen des Banjars zu Hause um die Kinder und die Vorbereitungen für die Feierlichkeiten. In der Familie des Jubilars bereiten die Frauen des Hauses die Zeremonie vor, bringen die Opfergaben zu den Tempeln, statten den Haustempel aus, richten Kaffee und begleitende Süßigkeiten her – Arbeitsteilung auf Augenhöhe.

Während ich immer noch an meinem Sate-Spieß werkele, werden die bereits fertigen abgeholt und auf den Grills, die außerhalb des Wantilans qualmen, knusprig gebraten. Ein würziger Duft steigt auf. Einer der Männer drückt Vivi schließlich zwei dampfende Spieße in die Hand. Vivi strahlt, teilt und wir genießen als Erste die Früchte der harten Arbeit der Dorfgemeinschaft: würzig gebrutzelt, viele Röstaromen, intensiver Geschmack vom frei laufendem Bali-Schwein, süß-cremiges Fett, feine Schärfe und die Leichtigkeit von Kokos und Kurkuma – herrlich!

LAWAR

Lawar ist ein Sammelbegriff für Gerichte, die aus fein geschnittenen Zutaten bestehen. Seine Bedeutung für die balinesische Kulinarik ist so groß, dass es bei fast allen Zeremonien zubereitet und gereicht wird.
Es gibt viele verschiedene Sorten Lawar, mit Schwein oder Hühnchen oder auch nur mit Gemüse. Manche beinhalten nur Schweinefleisch, das mit einem großen, schweren Messer gehackt wird, mal roh, mal gegart. Manche beinhalten Schweinehaut, Innereien oder auch frisches Schweineblut, frisch geriebene Kokosnuss oder Kurkuma. Gewürzt wird das Lawar mit einer Bumbu (siehe Seite 92), welche unter die gehackten Zutaten gemengt wird. Lawar kann pur gegessen werden, ist oft aber auch Teil des typischen Spanferkelgerichts Babi Guling (siehe Seite 237).

Schräg gegenüber formiert sich eine kleine Gruppe um eine Plastikrohrkonstruktion, der Fliesenboden ist mit einem Sack aus gewebtem Kunststoff abgedeckt. Aus einer Schale nimmt einer der Männer ein Stück des gereinigten Schweinedünndarms und stülpt ihn über den unteren Teil des Kunststoffrohres. Jetzt treffen wir auch wieder auf den jungen Mann im weißen Sarong mit den Kopfhörern, seine Erscheinung fesselt unsere Blicke. Er füllt eine Masse aus einer bereitstehenden Schale von oben in das Rohr und drückt mit einer Art langem Stempel langsam und gleichmäßig nach. So entsteht eine Wurst, die die anderen Männer entgegennehmen und sorgsam auf dem Boden aufwickeln, während sie kontinuierlich länger wird. Eine Wurstschnecke nach der anderen produzieren die Männer auf diese Weise, ein anderer holt sie ab und bringt sie zu zwei großen Töpfen, in denen Wasser auf Gaskochern leise vor sich hin simmert. Mit Palmenblattfasern abgebunden werden aus der großen Wurstschnecke kleinere Würste, Urutan genannt. Nachdem sie vorsichtig eingepiekst wurden, garen sie im Wasserbad. Danach werden sie direkt an die Frittier-Crew weitergegeben, die nebenan unter offenem Himmel in drei mit Öl gefüllten Riesenwoks bereits Innereistücke frittiert und nun auch die Würste ins heiße Fett gleiten lässt. Daneben brodeln in einem riesigen Topf große Fleischwürfel in Brühe. Aus einem weiteren Topf steigt ein intensiver Duft auf, darin grau-grünes Gemüse – Bananenpalmenherzen, erklärt man mir freundlich auf meine Nachfrage.

Während ich noch schnuppere, fotografiert Vivi auf dem Boden kniend, wie zwei Männer große Packpapiervierecke mit den fertigen Fleischzubereitungen bestücken. Es ist toll zu sehen, wie sie in ihrem Element ist, fast ist sie dabei ein bisserl in Trance – oder zumindest in ihrer Welt. Ich freue mich jetzt schon auf die Bilder. Die Pakete sind fast voll, und jetzt kommt auch die Wurst aus dem heißen Öl und wird mit spitzen Fingern fixiert, um in Stücke geschnitten zu werden – »Panas!«, kommentiere ich verständnisvoll die schmerzende Hitze an den Händen der Männer. Die fertigen Päckchen werden zugebunden, zügig in große Körbe geschichtet, und dann startet die Auslieferung. Wayan trägt eine große Platte mit Päckchen, Opfergaben und weiteren Fleischstücken in das Haus seines Bruders. Andere Männer schnappen sich Körbe, klemmen diese unter die Arme, brausen zu zweit auf Rollern davon und verteilen ihre Speisen in den Hausgemeinschaften des Banjars.

Vivi und ich nutzen die Pause und erkunden den Ort, wo inzwischen Kinder in Uniform zur Schule bummeln, bunte Hähne die Straße überqueren und Frauen zum Ortstempel laufen, um dort ihre allmorgendliche Opferzeremonie zu vollziehen. Am oberen Ende der Dorfstraße hat die Dämmerung den Blick auf den spirituellen Mittelpunkt der Insel freigegeben: Gunung Agung, der große Berg, Wohnort der Götter und aktiver Vulkan, thront über der Region Karangasem und beginnt seinen Tag als spiritueller Wegweiser der Insel in purem Sonnenschein. Und nicht nur spirituell weist er den Weg: Auf Bali wird die Richtung nicht in Norden oder Süden ausgedrückt, hier beschreibt man den Kurs »zu Agung hin« oder »von Agung weg«.

Candi
BOROBUDUR

Megibung

Zurück am Wantilan wird gerade noch der Boden gefegt und dann alles für dieses gemeinsame, ganz besondere Essen vorbereitet. »Megibung« enthält das balinesische Wort »gibung«, miteinander teilen, und steht für eine Tradition, die in der Region offenbar durch den König (Raja) I Gusti Agung Anglurah Ketut Karanagasem begründet wurde. Der ließ nach gewonnenen Schlachten alle Männer seiner Truppen zusammen essen, um das Zusammengehörigkeitsgefühl zu stärken.

Die Besonderheit dieser Tradition erklärt sich vor dem Hintergrund der sonst üblichen alltäglichen Essensroutine: Zwar haben der sich wandelnde Arbeitsalltag und das vielfältige Angebot an Außer-Haus-Versorgung auch auf der Insel zu einigen Verschiebungen geführt, doch in vielen Haushalten gehen Mütter oder Großmütter immer noch frühmorgens zwischen vier und fünf Uhr auf den Markt und bereiten anschließend das Essen für die Hausgemeinschaft zu. Durch Hauben vor hungrigen Insekten geschützt steht das Essen dann in der Gemeinschaftsküche bereit, und wer Appetit hat, bedient sich und isst – in der Regel allein. Zwar bilden besondere Anlässe und Familientraditionen Ausnahmen, dennoch ist Megibung der Inbegriff des eher seltenen gemeinsamen Genusses. Zuerst essen die Männer, immer in Gruppen von fünf bis sieben. Sie sitzen dazu um ein großes Bananenblatt oder eine große Platte mit duftenden Leckereien herum auf den Boden des Wantilans. Wayan gibt uns ein Zeichen: Auch wir werden eingeladen, um den köstlichen Abschluss dieser unvergleichlichen feierlichen Nacht zu genießen.

Nachdem die Männer gemeinsam gespeist haben, wird der Boden des Tempels gewischt und neu eingedeckt. Jetzt sind

ILAN
JUNI 2014
20
Atria
48 x 220 ml
Air Minum Dalam Kemasan
Air Mineral
Atria

Wirya Groups

die Frauen mit dem Essen dran. Am nächtlichen zeremoniellen Kochen im Tempel haben sie nicht teilgenommen, sie waren bis jetzt zu Hause und haben dort alles Nötige für die Zeremonie vorbereitet. Also, wäre ich eine von ihnen, hätte ich definitiv noch 'ne Runde gepennt.

In ihren edel gemusterten Sarongs und bunten Spitzenblusen kommen sie nun an, während die Sonne aufgeht und das Dorf um uns herum erwacht. In der Straße stellt sich eine Schulklasse auf, lauter Mädchen in Uniform – weiße Bluse, weinrotes Röckchen, weiße Kniestrümpfe –, sie singen ein Lied. Orangefarbene Bemos, die kleinen Dorfbusse, flitzen mit offener Seitentür vorbei, der Vulkan lässt in der Ferne ein paar Rauchwölkchen nach oben ziehen. Das Licht ist unfassbar schön und lässt den steinernen Tempelboden schimmern.

Wir setzen uns zu einem kleinen Grüppchen Frauen um eine große Schale Reis herum, daneben liegt ein Bananenblatt und darauf dicke, glänzende Spieße, Schüsseln mit geschmorten Speisen, viele einzeln verpackte Einwegbecher mit Wasser. Hallo, Umwelt, denke ich mir.

»Während des Megibung-Essens darf man so lange nicht aufstehen, bis alle fertig sind«, flüstert mir Antje zu.

Wayan kommt zu mir und streckt die Hand nach der Kamera aus, er möchte ein Foto davon aufnehmen, wie wir zwei weißen Mädels in balinesischer Klamotte Megibung machen. Klar. Er knipst ein paarmal, grinst dabei, hängt sich die Kamera um und verschwindet.

Nicht aufstehen.
»Außerdem isst du nur mit der rechten Hand!«
»Warum?«
»Weil du dir mit der Linken den Hintern abwischst.«
Ich habe schon längst falsch zugegriffen.

Aria

 OTONAN

Die Frauen, die bei uns sitzen, können kein bisschen Englisch. Eine löst (tatsächlich einhändig!) die Fleischstücke von den Spießen und wirft sie mitten in den Reishaufen. Wir wünschen mehrfach »Selamat Makan«, guten Appetit, und fuchteln dabei ein bisschen, um zu signalisieren, dass wir dankbar sind und alles sehr lecker aussieht. Wie Antje es mit ihren langen Beinen so lange im Schneidersitz aushält, ist mir ein Rätsel.

Ich greife in Richtung der gemeinschaftlichen Platte und nehme mir erst von dem Reis, dann von dem Häufchen knallrotem Lawar: gehacktes Gemüse, Gewürze, Schweinefleisch und frisch untergerührtes Blut. Roh natürlich. Ich erwische auch ein längliches Stückchen Knorpel, wahrscheinlich vom Ohr oder von der Schnauze. Dann erinnere ich mich an den Geruch von rohem Schweineblut. Den kenne ich aus dem Blutwurstseminar in München, aber hier kann ich nichts davon riechen. Allerdings hat die Klimaanlage im Hostel in Seminyak mir eine derartige Erkältung verpasst, dass ich ohnehin kaum was schmecke. Aber das Essen ist warm, würzig und angenehm fettig. Meine Nase fängt an zu laufen, das Sambal ist schon ordentlich scharf.

»Sag mal, meinst du, hier hat irgendwer 'ne Trichinenbeschau gemacht?«, frage ich Antje. »Ich hab hier keinen gesehen, der aussah wie ein Tierarzt.« Sie knabbert genüsslich an einem Sate-Spieß und nickt zu einem der Männer rüber. »Ja, ja, bestimmt. Schau mal, der Große mit den Kopfhörern da, der das eine Schwein ausgenommen hat. Der sieht aus, als hätt' der voll die Checke und Erfahrung, die respektieren den alle. Der hat sich bestimmt die Organe genau angeschaut.«

Na ja, was soll's. Inzwischen ist auch meine Kamera wieder in Sichtweite, Wayan hat sie seinem Kumpel gegeben, und jetzt posieren die ganzen Jungs auf der Tempeltreppe und machen ein Shooting. Ich gehe mental durch, welche Knöpfe man betätigen muss, um die Speicherkarte zu formatieren und alle Daten zu löschen. Mit etwas Glück passiert das nicht.

Die Frauen haben angefangen, sich mit dem übrigen Trinkwasser aus den Becherchen die Hand abzuwaschen, ich nehme an, wir sind jetzt fertig. Es ist 8 Uhr 30 und ich habe schon mehrere Stücke Speckschwarte, Blutmischmasch, geschmorte Jungpalme, verdammt scharfes Sambal und einen Haufen Reis gegessen. Ein weiterer glorreicher Tag auf der *Island of Gods* kann beginnen.

Nach dem gemeinsamen Megibung verlassen wir den Tempel und schlendern ein paar Straßen weiter zum Haus der Eltern von Baby Angga. Wir gehen durch ein steinernes, mit geschwungenen Ornamenten verziertes Tor und betreten einen Innenhof voller Blumentöpfe und hängender Pflanzen. Plastikstühle stehen herum, eine Frau verteilt die Speisen, die vom morgendlichen Mahl herübergebracht wurden, auf einem langen Tisch.

AMLAPURA MANGGIS
CARRY 1.0
DK 1954 SC

Auf dem Absatz vor den Türen der Wohnräume ist eine pinke Schaumstoffmatte ausgebreitet, darauf stehen Tellerchen mit zeremoniellen Süßigkeiten (Jajan Bali) und Becher mit Kaffee (Kopi Bali). Ein wenig abseits ein riesiger Haufen Opfergaben: Körbe und geflochtene Tabletts voller Obst, Eier, Blüten, Weihrauchstäbchen, ein paar schrumpelig gebratene Enten samt Kopf, Schnabel und Füßen, abgepackte Kekse, Reiscracker, alles dekoriert mit Ornamenten aus geflochtenen Palmsträngen. Anggas Mama, eine wunderschöne Balinesin mit langen, glänzend schwarzen Haaren und schimmernder Spitzenrobe, zeigt auf den pinken Schaumstoff, wir möchten uns doch dorthin setzen, der Priester komme erst später, er hänge noch in Ubud im Verkehr fest. Das wundert uns nicht, da die meisten Straßen im Süden Balis unter Dauerinfarkt leiden.

Wir setzen uns, und dann präsentieren Anggas Eltern stolz den Kleinen. Feierlich ist er zurechtgemacht in einem feinen Hemd, mit Armreifen, einem Ring mit Edelstein und dem ersten winzigen Udeng auf seinem Kopf. Während wir ganz entzückt mit dem Kleinen spielen – noch im geschützten, weil leicht erhobenen inneren Bereich des Wohnhauses – und seinen Eltern unsere Gratulationen und Glückwünsche mitteilen, serviert seine Oma fortwährend Kopi Bali, Tee und süßes Jajan Bali. Nach und nach kommen die Nachbarn vorbei, festlich gekleidet und mit Geschenken: Kaffee und Zucker für die Familie, Kleidung und Spielzeug für den Jubilar. Der Kaffee ist so übertrieben süß und heiß, dass er mich fast wieder schläfrig macht. Nach dieser Nacht kann mich aber ohnehin kein Kaffee dieser Welt retten.

Und so verbringen wir die nächsten viereinhalb Stunden. Trinken Kaffee, probieren die klebrigen süßen Reispäckchen, die uns angeboten werden, nicken und lächeln allen Verwandten und Nachbarn zu, die vorbeikommen und uns anstarren, als kämen wir vom Mond. *Westerners* sind wohl selten zu Besuch in Timbrah.

Baby Angga schläft anfangs noch, später wacht es auf und krabbelt neben uns auf der pinken Schaumstoffmatte umher. Wir machen Selfies und Fotos von der Familie. Antje ist müde, sie muss uns später noch zurückfahren und legt sich für eine Stunde ins Auto schlafen. Ich bleibe hier. Nicht dass der Priester kommt und alles abgewickelt wird, ohne uns zu wecken.

Wayan setzt sich neben mich. »Sleepy?« fragt er, und seine Stimme klingt ganz danach, als käme er selbst gerade von einem Nickerchen. Ein älterer Herr, der uns gegenübersitzt, sagt grinsend etwas auf Balinesisch, deutet zu mir und lacht. Ich merke, wie Wayan etwas gezwungen mitlacht, und frage ihn, was der Mann meint.

»Er sagt, du machst jetzt Fotos von uns allen und gehst dann zurück in dein Land und machst dort viel Geld damit«, erklärt er mir und zuckt mir den Schultern, als wenn nichts weiter wäre.

Ich spüre, wie ich schlagartig rot anlaufe und jede meiner Körperzellen am liebsten von hier verschwinden möchte. Der Mann gegenüber starrt mich immer noch an und grinst dabei herausfordernd. Darauf war ich jetzt überhaupt nicht vorbereitet.

»Darf ich kurz dein Handy haben, können wir Google Translate öffnen?«, stammle ich zu Wayan.

»Mir ist es total egal ob ich mit diesen Fotos Geld machen kann oder nicht«, tippe ich. »Ich bin nicht hier, weil ich damit verdienen möchte. Ich habe gesehen, dass viele der westlichen Leute, die nach Bali kommen, nicht viel Interesse an der balinesischen Kultur haben. Deswegen versuchen Ibu, Antje und ich, das zu ändern und den Leuten bei uns zu Hause zu zeigen, was alles auf Bali passiert. Dass man hier nicht nur surft und Yoga macht, und was ihr Balinesen für eine spannende, schöne Kultur und Spiritualität habt. Das ist sehr besonders. Deswegen machen wir die Fotos, wir wollen ein Buch rausbringen. Damit die Leute, die dann hierherkommen, besser verstehen, was hier passiert.«

Wayan liest die Übersetzung, die auf dem Display aufleuchtet, und nickt mir lächelnd zu. Er hat dunkle mandelförmige Augen, schöne Zähne und ein freches Lächeln. Mannomann, hier verknall ich mich heute noch, denke ich mir, während er auf das zerkratzte Display tippt.
Enter.

»Mein Onkel ist misstrauisch. Ich bin sehr froh, dass du heute hier bist und fotografierst. Dass ich dir mein Dorf zeigen kann. Es kommen nie westliche Leute hierher. Ich hoffe, du kannst warten, bis der Priester kommt, ich möchte, dass du diese Zeremonie siehst. Das ist etwas ganz Besonderes.«

Es ist tatsächlich schon Mittag, meine Augenlider sind so schwer wie seit den kurzen Nächten der Unijahre nicht mehr. Wayans Handy klingelt, er springt auf. »Der Priester!«, verkündet er strahlend und verschwindet durch das steinerne Tor. Wenig später hört man ein Knattern, jubelnde Stimmen, das Schnalzen von Füßen, die in Gummiflipflops rennen.

Der Priester ist tatsächlich da. Barfuß, mit nacktem Oberkörper, die Beine in einen weißen Sarong mit goldenen Borten gehüllt, während die gebräunte verwitterte Haut auf Armen und Brust in der Sonne schimmert wie feines Leder. Die langen grau-weißen Haare liegen wellig am Kopf und fließen hinunter bis zur Hüfte, der ganzen Länge nach gespickt mit weißen und gelben Frangipani-Blüten. Ein großer Dolch, der Kriss, steckt in einer hölzernen Scheide im Bund seines Sarongs, in der Hand trägt er eine kleine Holzkiste. Sein Lächeln strahlt Herzlichkeit, Ruhe und absolute Ausgeglichenheit aus. Eine beeindruckende Gestalt, er hat etwas von einem Propheten, von einem Schamanen, das halbe Dorf ist schon hierher geströmt. Dass er dabei auf einem zerbeulten, rostigen Moped angeklappert kam, scheint niemanden zu irritieren.

Der Priester wird, wie alle anderen Besucher, erst mal mit dem süßen Kaffee begrüßt. Angga wurde inzwischen feierlich zurechtgemacht, trägt jetzt einen schneeweißen Sarong und einen winzigen Udeng mit silbern bestickten Borten. An jedem Hand- und Fußgelenk schmückt ihn ein dünner silberner Armreif, ein Ring mit Edelstein ziert seine niedlichen Fingerchen.

Die Zeremonie kann beginnen

Priester, Mutter, Vater, Kind, eine Frau, die die Hebamme zu sein scheint, und ein kleines Mädchen laufen in das Innere des Hofs und auf den Haustempel zu. Ich sehe erstmals, wie klein es dort drin ist. Hinter einer mannshohen Mauer, in die nur ein kleines Tor geschlagen ist, befindet sich ein steinerner Altar, da sind gerade mal ein paar Quadratmeter Platz. Das ist also der Haustempel, und dort findet das *ground setting* statt. Nicht auf dem Fußboden eines riesigen Tempels, nicht im Wohnzimmer und auch nicht im Garten. »Verdammte Scheiße«, denke ich mir. Von einem Bild des *ground settings* habe ich schon geträumt, bevor wir aus Deutschland losgefahren sind. Das wird nix, denke ich mir, ich komm da nie im Leben rein. Das Grüppchen ist am Eingang des Tempels angekommen, ich verstehe: Die Zeremonie findet da drinnen statt, aber alle Gäste bleiben draußen. Das ist eine superintime Sache, was haben wir uns da überhaupt eingebildet, dabei sein zu können. Ich ärgere mich ein bisschen über meine Naivität, und denke mir dann: Das sind die Spielregeln, es ist okay. Seufz!

Ich schaue der Zeremoniefamilie wehmütig zu, wie sie zum Tempel schreiten, da dreht sich plötzlich Anggas Papa auf der Türschwelle um, sucht mich mit dem Blick und kommt zu mir. »Geh du«, flüstert er mir zu, »ich bleibe draußen.«
Zum zweiten Mal heute werde ich hochrot, fasse es nicht, stammle ein ungläubiges »Thank you« und spurte zum Tempel vor.

Aber wohin mit mir? Und wo wird hier was geschehen? Hinter dem winzigen Tor ist wirklich kaum Platz: Links haben sich Priester und Angehörige hingehockt, auf der roten geblümten Plastikdecke am Boden wird gleich Angga auf den Boden gesetzt. Glaube ich. Gleich rechts blockiert ein Haufen Opfergaben den Weg, dahinter ist ein halber Quadratmeter Platz zwischen den Pflanzen. Ich mache einen großen Schritt über die dampfenden Weihrauchstäbchen und die Opfergaben (jetzt bloß nicht hineintreten!) und quetsche mich auf den einzig freien Fleck ins Beet, gegen die Wand. Ich traue mich fast nicht, durch die Kamera zu schauen, ich bin krass nah dran, die kriege ich nie alle auf ein Foto. Aber es sind alle im Bild, perfekt.

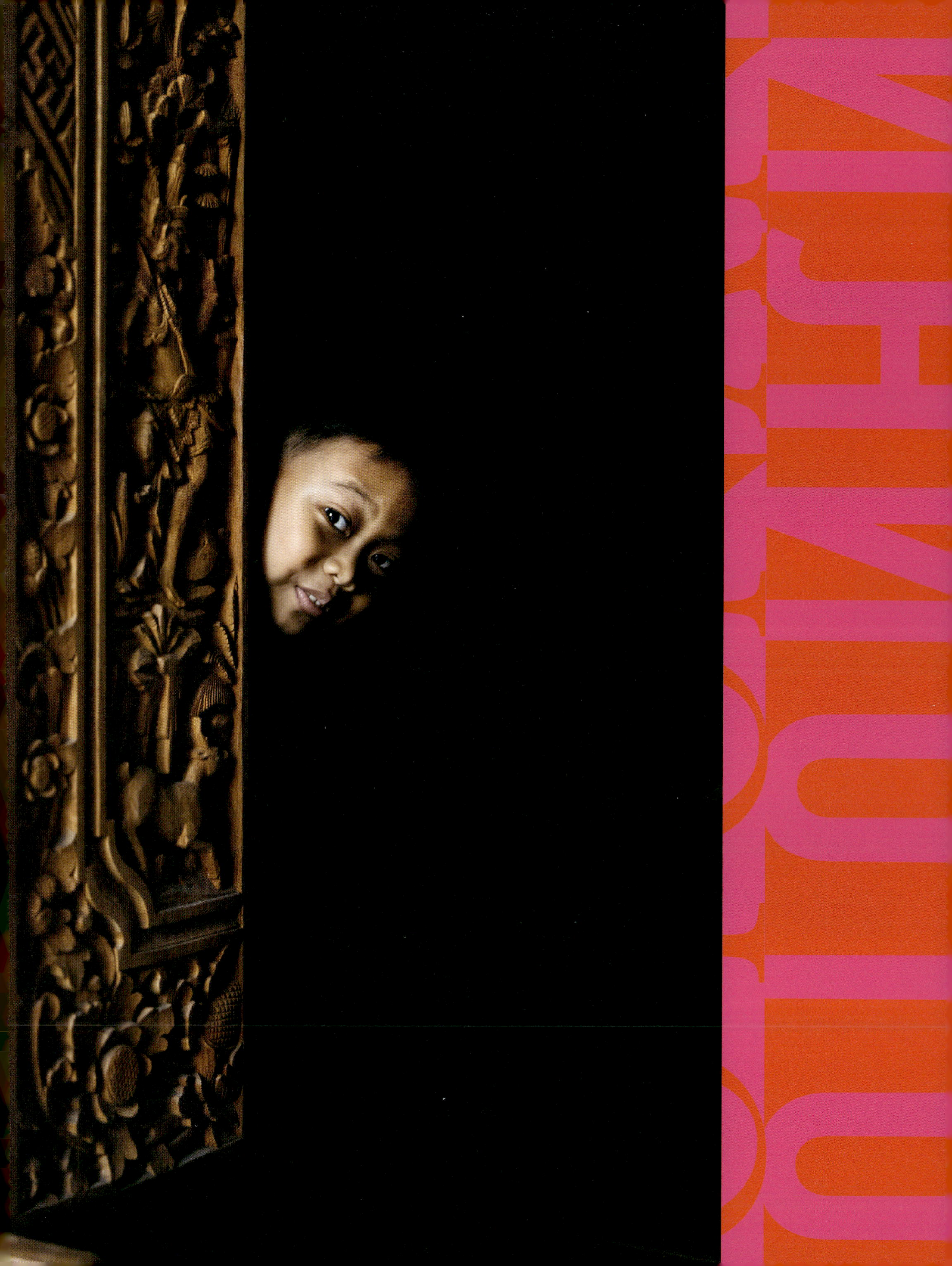

Mein Herzrasen lässt ganz leicht nach. Ich schaue zum Priester, der mich schon die ganze Zeit mit strengem Blick aus dem Augenwinkel beobachtet, zeige auf die Kamera. »Okay?«, frage ich.

Er dreht sich gar nicht wirklich zu mir um, seine funkelnd schwarzen Augen schauen weiterhin nur knapp an mir vorbei. Hat er mich gehört? Dann, ein fast unsichtbares Nicken, er schließt die Augen und beginnt, eine kleine goldene Glocke in seiner Rechten zu läuten. Nach einigen Schlägen kommen Worte dazu, wie ein Mantra in tiefer, kehliger Stimme, die fast klingt wie ein Didgeridoo.

Das geht eine Weile so weiter: Worte, Worte, Worte mit monoton-melodischem Gebimmel, immer wieder klingelt die Glocke hell, meine Augenlider wollen trotzdem immer wieder nach unten. Das kleine Mädchen (sie trägt zum feierlichen Anlass ein Prinzessin-Elsa-Kleid) setzt sich neben den Priester, Angga kommt in ihre Arme. Mama und Hebamme sitzen ein bisschen weiter daneben, auf den Stufen vor dem Minitempel.

Sie ergreifen einen großen Hahnenkorb, der neben ihnen steht – unter diesem werden normalerweise Hähne gehalten, bevor der Hahnenkampf losgeht. Heute wird der Korb allerdings anders eingesetzt: Mama und Hebamme heben ihn hoch, das Mädchen und Angga verschwinden darunter. Der Korb symbolisiert die Fruchtblase und soll das Baby noch ein bisschen schützen, dass auch sicher keine bösen Geister zu ihm gelangen, bei seinem ersten Kontakt mit dem Boden. In Jimbaran, einem Fischerort im Süden, wird ein Fischernetz für diesen symbolischen Schutz genutzt.

Der Priester dreht sich zu den Kindern unter dem Korb, legt eine Hand auf diesen und lehnt sich mit der Stirn daran. Mit geschlossenen Augen redet er weiter, es klingt beruhigend, beschützend, als würde er mit dem Klang seiner Worte den Raum unter dem Korb mit Kraft und guter Energie füllen.

Es ist ein schönes Ritual, in meinem westlichen Verständnis sieht es so aus, als würde das Kind gerüstet, gewappnet für die schwierige und gefährliche Welt, die es nun betritt.

Angga ist dabei ganz ruhig, schaut mit großen, funkelnden Augen um sich.

Wenige Minuten bleibt der Korb über den Kindern, dann werden sie wieder befreit. Der Priester greift nach einer Emailleschüssel, darin sind Wasser, ein Bündel langer Schilfblätter, ein winziger Fisch, der vorhin aus einem Teich geholt wurde. Ist es die Welt, mit ihren Elementen, wofür diese Schüssel steht? Eher ein Symbol dafür, dass der kleine Angga später die materiellen Dinge bekommen wird, die er für sein Leben braucht, wie ich später erfahre.

Angga liegt nun vor der Schüssel und greift hinein, es plätschert, während der Priester von den Schilfblättern kleine Stücke abreißt und sie ihm an den Kopf hält. Das macht er mehrmals, ich glaube, drei Mal, dann kommt Wasser auf das feine Babyhaar.

Der Priester kruschtelt in seinem Kistchen und holt ein winziges Silberschälchen heraus. Er hält es dem Kind auf die Fontanelle, dorthin, wo die bösen Geister am leichtesten in die Seele eindringen können. Er spricht weiter, sein Blick ist warm und freundlich geworden, während er das Baby ansieht. Ein bisschen lächelt er sogar, während Anggas Händchen in der Wasserschale planschen.

Ganz zum Schluss schneidet der Priester ein Stück Garn von einer Spule und legt es dem Baby auf die Stirn. Die Mütze? Kommt wieder drüber, der Faden hängt unten raus und baumelt zwischen Anggas Äuglein. Es sieht aus, als würde ein gekochter Spaghetto dort hängen, denke ich und versuche, nicht zu kichern.

Der kleine Angga ist jetzt geerdet und offiziell Teil der menschlichen Welt.

Zwei weitere Kinder schleichen sich in den Tempel und quetschen sich gegen die Wand neben den Priester, eine Frau lehnt sich durch das Tor und macht Fotos mit ihrem Smartphone. Der Priester lacht nun, seine Stimme klingt entspannt, als würde er nun ganz normal mit dem Baby sprechen, das vor ihm rumkrabbelt.

Alle stehen auf, es geht wieder raus aus dem Tempel, in den Innenhof. Ich freue mich so dermaßen, dass ich Anggas Papa sofort um den Hals falle, als ich ihn sehe. »Thank you so, so, so much!«
Er freut sich, dass ich mich so freue. »You get nice picture?«, fragt Wayan, der lässig danebensteht und wie immer frech grinst.

Die Zeremoniegesellschaft läuft nun zurück zur pinken Schaumstoffinsel, dort ist ein weiterer kleiner Altar aufgebaut, an der Hauswand zwischen einem alten Kühlschrank und einer Abstellkammer. Dort stehen die meisten Opfergaben, der Priester setzt sich auf einen der Plastikstühle, ich nehme an, er wird nun die vielen Geschenke weihen und weiterbeten.

Wir müssen los.

Ich halte nach Antje Ausschau, sie nickt mir zu. Flüsternd verabschieden wir uns von Wayan, seinem Bruder, der Frau und der Hebamme, wir bedanken uns aus tiefstem Herzen für das Vertrauen und die große Ehre, dass wir dabei sein durften, winken hier und da Leuten zu, mit denen wir vorhin gegessen und getrunken haben. Und sind weg.

CERITA

Bumbu Basics

Bumbus sind die Würz-DNA balinesischer Gerichte. Sie werden immer am Anfang der Zubereitung verwendet, werden also mitgegart oder -geröstet. Zur individuellen Würzung der Gerichte werden dann Sambals gereicht.

Für alle Bumbus die Zutaten gegebenenfalls abziehen, putzen und fein hacken. Anschließend in einen Mörser geben und mit Kraft und Liebe zu einer homogenen Paste verarbeiten.

Basa Gede

Das große Gewürz

10 Schalotten
5 Knoblauchzehen
4 große rote Chilischoten
1 daumengroßes Stück Galgant
1 daumengroßes Stück Kurkuma
1 halbdaumengroßes Stück Ingwer
1 Stängel Zitronengras
½ TL Koriandersaat
¼ TL weiße Pfefferkörner
¼ TL schwarze Pfefferkörner
1 Prise Muskatnuss, frisch gemahlen
1 Gewürznelke
¼ TL Kreuzkümmel
1 Lorbeerblatt
1 TL Terasi (Garnelenpaste), geröstet

Bumbu Babi Guling

Bumbu für geröstetes Spanferkel

8 Schalotten
8 Knoblauchzehen
2 daumengroße Stücke Ingwer
2 daumengroße Stücke frischer Kurkuma
2 daumengroße Stücke Galgant
1 daumengroßes Stück Kleiner Galgant
1 Kemiri-Nuss (Candlenut, Lichtnuss)
1 EL Terasi (Garnelenpaste), geröstet
2 große rote Chilischoten
1 kleine rote Chilischote
5 Stängel Zitronengras
2 Salamblätter
6 Kaffir-Limettenblätter
1 TL gemahlener Zimt
1 TL Koriandersaat
2 TL Meersalz
4 Gewürznelken
2 EL Palmzucker

Bumbu Kuning

Gelbe Bumbu

2 Schalotten
1 Knoblauchzehe
1 kleine rote Chilischote
1 daumengroßes Stück Kurkuma
2 Stängel Zitronengras
10 Korianderkörner
4 Kaffir-Limettenblätter
1 Salam- oder Lorbeerblatt

Bumbu Merah

Rote Bumbu

2 Schalotten
2 Knoblauchzehen
2 große rote Chilischoten
1 halbdaumengroßes Stück Ingwer
1 halbdaumengroßes Stück Galgant
1 halbdaumengroßes Stück Kurkuma
1 Stängel Zitronengras
1 Lorbeerblatt
½ TL Terasi (Garnelenpaste), geröstet
1 Prise weißer Pfeffer

Bumbu Soto

Bumbu für Soto Ayam und andere würzige Suppen

8 Schalotten
2 Knoblauchzehen
2 kleine rote Chilischoten
1 daumengroßes Stück frisches Kurkuma
1 daumengroßes Stück Galgant
1 daumengroßes Stück Ingwer
1 Stängel Zitronengras
2 Kemiri-Nüsse (Candlenut, Lichtnuss)
½ TL Kreuzkümmel
½ TL Koriandersaat

B. Sate Lilit Ikan

Bumbu für Sate aus gehacktem Fisch

2 Schalotten
2 Knoblauchzehen
1 kleine rote Chilischote
1 Stängel Zitronengras
1 halbdaumengroßes Stück Ingwer
1 halbdaumengroßes Stück Galgant
1 halbdaumengroßes Stück Kurkuma
¼ TL Koriandersaat

Bumbu Sate

Bumbu für Sate

2 Schalotten
2 Knoblauchzehen
2 große rote Chilischoten
1 halbdaumengroßes Stück Ingwer
1 halbdaumengroßes Stück Galgant
1 haselnussgroßes Stück Kurkuma
1 TL Palmzucker (Gula Merah)
½ TL Terasi (Garnelenpaste), geröstet
1 Prise Muskatnuss, frisch gemahlen
½ TL Koriandersaat

Bumbu Mak Beng

Bumbu aus dem Warung Mak Beng

2 Schalotten
1 Knoblauchzehe
2 rote Chilischoten
1 daumengroßes Stück Kurkuma
2 Stängel Zitronengras
½ TL Koriandersaat
4 Kaffir-Limettenblätter
1 EL Terasi (Garnelenpaste), geröstet

Lawar

Ein traditionelles Schlachtgericht – das Fleisch wird direkt nach der Schlachtung superfrisch verarbeitet.

Zutaten für 4 Personen | Zubereitungszeit ca. 50 Minuten

600 g Schwein (entweder pures Fleisch (z. B. Schulter) oder ein Stück mit Schwarte (z. B. Rücken) oder 400 g Fleisch und 200 g Innereien wie Leber oder Herz)
Ggf. 200 ml Gemüsebrühe oder Fleischbrühe vom Schwein
Meersalz
1 reife Kokosnuss
200 g Fleisch einer jungen Jackfruit (frisch oder aus der Dose, alternativ auch frische reife Jackfruit)
2 Kaffir-Limettenblätter
1 Bio-Limette
Kokosöl zum Braten
2 EL Bumbu Basa Gede (siehe Bumbu Basics, Seite 92 f.)
Nach Wunsch 200 ml Schweineblut

1 Rezept Sambal Embe (siehe Sambal School, Seite 38 f.)
Limettenstücke, Krupuk (Cracker)
Nach Wunsch Sayur Urab (siehe Seite 283)

1. Für rohes Lawar: Falls Schwarte am Fleisch ist, diese ablösen und in leicht gesalzenem Wasser bedeckt ca. 1 Stunde weich kochen. Abkühlen lassen, fein hacken. Das rohe belassene Fleisch ebenfalls fein hacken. Für gegartes Lawar: Das gehackte Fleisch in einem sehr heißen Wok mit dem Kokosöl und etwas Salz kurz anbraten, Brühe hinzufügen und das Fleisch ca. 20 Minuten gar köcheln. Für Lawar mit Innereien: Die Innereien putzen, fein hacken und mit dem Fleisch anbraten.

2. Die Kokosnuss öffnen, das Wasser dabei auffangen, das Fruchtfleisch auslösen und fein raspeln. Wird frische junge Jackfruit verwendet, diese putzen und in 1 Tasse Brühe ca. 15 Minuten köcheln. Junge Jackfruit aus der Dose oder frische reife Jackfruit muss nicht gekocht, sondern nur in kleine Stücke zerteilt werden. Die Kaffir-Limettenblätter waschen und in sehr feine Streifen schneiden. Die Limetten waschen, die Schale abreiben und den Saft auspressen.

3. Das rohe oder gegarte Fleisch, ggf. die Schwarte und die Innereien, zusammen mit der Bumbu Basa Gede in 1 Esslöffel Kokosöl 3 Minuten anbraten. Anschließend mit dem Kokosnussfleisch, der Jackfruit, den Kaffir-Limettenblättern, Saft und Abrieb der Limette und einer Prise Salz vermengen. Nach Wunsch das frische Blut unterrühren. Mit Limettenstücken und Sambal Embe servieren und z. B. zusammen mit Krupuk und Sayur Urab genießen.

Tum

Kleine Bananenblattpäckchen gefüllt mit Schweinfleisch und Innereien.

Für 4 Personen | Zubereitungszeit ca. 40 Minuten plus Zeit für den Grill

1 Rezept Bumbu Basa Gede (siehe Bumbu Basics, Seite 92 f.)
2 EL Pflanzenöl, z. B. Kokos-, Raps- oder Sonnenblumenöl
400 g fettes Schweinefleisch (z. B. Bauch)
200 g Schweineinnereien (z. B. Leber, Herz, Hirn, Nieren)
100 ml frisches Schweineblut
(Die Innereien und das Blut können durch die gleiche Menge fettes Schweinefleisch ersetzt werden.)
100 g Kokosnussfleisch, frisch gerieben (alternativ 70 g Kokosflocken in 30 g Kokosmilch und 30 g heißem Wasser quellen lassen)
1 TL Meersalz
16 Bananenblattrechtecke à ca. 20 x 20 cm (Wer keine Bananenblätter findet, kann auch mit frischen oder getrockneten und eingeweichten Maiskolbenblättern oder großen, kurz blanchierten Mangold- oder Wirsingblättern arbeiten.)
1 Rezept Sambal Jeruk (siehe Sambal School, Seite 38 f.)

1. Das Bumbu in einer Pfanne mit etwas Öl ca. 3 Minuten anschwitzen.

2. Das Fleisch abtupfen, von großen Sehnen befreien und fein hacken. Die Innereien ebenfalls trocken tupfen, von großen Gefäßen befreien und fein hacken. Mit dem Fleisch, dem Blut, der-Bumbu, den Kokosraspeln und dem Salz gut verkneten.

3. Die Bananenblätter abspülen und ggf. kurz über einer Flamme oder der heißen Herdplatte geschmeidig machen. In die Mitte der Bananenblätter jeweils ein Häufchen der Fleischmasse setzen. Zwei Seiten eines Bananenblatts Kante an Kante über der Fleischfüllung zusammennehmen, dann die anderen Seiten ebenfalls Kante an Kanten zusammenlegen, sodass ein Päckchen entsteht. Die Enden mit einem Zahnstocher fixieren.

4. Die Päckchen auf einem Holzkohlegrill von beiden Seiten insgesamt ca. 12 Minuten grillen. Alternativ in einem Siebeinsatz im Wasserdampf 12 Minuten dämpfen.

5. Die Päckchen mit dem Sambal Jeruk Bali servieren, sodass die Gäste das Päckchen öffnen und herausströmenden Duft genießen können.

Urutan

Würzige Würste mit Innereien – ein Schlachtfest!

Zutaten für 4 hungrige Personen | Zubereitungszeit ca. 80 Minuten

2 m dünner Wurstdarm (Schwein oder Schaf, 18–20 mm Durchmesser, beim Metzger vorbestellen oder online ordern)
600 g fettes Schweinefleisch (Bauch oder Schulter), entweder schlachtwarm oder gut gekühlt
200 g Schweineinnereien (z. B. Leber, Herz, Hirn, Nieren), entweder schlachtwarm oder gut gekühlt (wer keine Innereien mag, ersetzt die Menge durch weiteres Schweinefleisch)
5 EL Bumbu Basa Gede (siehe Bumbu Basics Seite 92 f.)
Meersalz
4 EL Pflanzenöl zum Braten (z. B. Kokos-, Raps- oder Sonnenblumenöl)
Nach Wunsch zum Servieren Sambal Uleg oder auch Sambal Matah (siehe Sambal School Seite 38 f.)
Eventuell Bananenblattrippen oder Küchenzwirn zum Abbinden der Würste

1. Den Wurstdarm in eine Schüssel geben und diese unter fließendes kaltes Wasser stellen, um alle Verunreinigungen herauszulösen und den Darm geschmeidig zu machen.

2. Das Fleisch und die Innereien von Sehnen und Häutchen befreien und sehr fein hacken. (oder mit der mittelgroben Scheibe wolfen). Das Fleisch und die Innereien mit der Bumbu und 2 Teelöffel Salz vermengen. Zügig durchkneten, bis eine leichte, natürliche Bindung entsteht. Die Wurstfülle gegebenenfalls mit weiterem Salz abschmecken.

Wer einen Wurstfüller hat, macht diesen startklar und zieht den Darm auf den Auffüllstutzen auf. Die Wurstmasse in den Behälter geben, ein wenig drehen, bis die Wurstmasse vorn angekommen ist, dann einen Knoten in das Ende des Darms machen. Nun langsam kurbeln und gleichzeitig vorn schauen, dass die Wurst gleichmäßig dick wird, und diese dabei sorgfältig ablegen. Die Wurst kann nun klassisch abgedreht werden, indem immer ca. 12 cm lange Stränge mit den Fingern abgetrennt werden und dieser Strang dann durch schwungvolles Drehen um die eigene Achse eingefasst wird. Beim nächsten Strang in die entgegengesetzte Richtung drehen und so weiter fortfahren. Das Ende wieder zuknoten .Wer keinen Wurstfüller besitzt, übt sich in balinesischer Kreativität und kann beispielsweise mithilfe eines Dressierbeutels, eines Trichters oder anderer Konstrukte den Wurstfüllprozess gestalten.

3. In der Zwischenzeit einen großen Topf mit Wasser zum Sieden bringen, salzen. Die abgedrehte Wurstkette hineingeben und die Hitze sofort runterdrehen, sodass die Würste entspannt garziehen können. Nach 10 Minuten die Wurst aus dem Wasser nehmen. Wer mag, kann die Wurst nun schon essen. Auf Bali werden die gebrühten, getrockneten Würste angepiekst und in heißem Öl frittiert. Auch ein kurzes Anbraten in einer Pfanne bei mittelhoher Hitze in Pflanzenöl reicht schon, um die würzigen Röstaromen zu entwickeln. Ein kräftiges Sambal nach Wunsch dazu servieren.

BANJAR

Gemeinschaft & Genuss

Zeremonien in der Nachbarschaft
Jajan Bali – Kuchen aus Reismehl

Jede Ortsgemeinschaft hat ihren eigenen Tempel. Anlässlich der Zeremonien trifft man dort die Familie und die Menschen, mit denen man aufgewachsen ist. Da solch eine Zeremonie recht lange dauern kann, stärkt man sich zwischendrin mit mitgebrachten Snacks, die man natürlich auch untereinander austauscht und teilt. Rund um die Herstellung dieser Snacks hat sich auf Bali eine kleine Industrie entwickelt.

Endlich! Nach einer ersten langen Woche des Fieberns, Recherchierens und Rumfragens öffnet sich erstmals eine so private Tür für uns – in die familiäre Intimität einer Banjar-Zeremonie. Banjar, so heißt die Ortsgemeinschaft.

Mangsu, eine quirlige Balinesin um die dreißig, die im Wasserpark in Kuta als Barista arbeitet, hat uns eingeladen, ihrer Banjar-Zeremonie beizuwohnen. Es ist Sonntagabend, Mangsu soll uns wie abgemacht an einer Kreuzung nahe dem Tempel abholen. Wir kommen direkt vom Strand, parken am Rand einer sehr befahrenen Straße und versuchen, uns noch schnell hinter dem Auto in die balinesische Festtagsklamotte zu wickeln. Die Kleidung, die man auf Bali zu spirituellen Anlässen trägt, ist im Prinzip immer gleich: Für die Damen obenrum eine Spitzenbluse, Kebaya genannt, um die Beine ein Sarong, eine Art Wickelrock mit meist aufwendig buntem Muster, dazwischen wird ein langer Stoffschal um die Taille gebunden. Wenn man es schön machen will (und ja, das will man), dann greifen sich die Farben gegenseitig auf und harmonieren zwischen den drei Teilen.

Flipflops & Sarong

Antje hatte mir bei Ankunft einen Sarong mit orange- und türkisfarbenem Schnörkelmuster geschenkt, dazu habe ich mir eine orangefarbene Bluse und einen türkisen Schal gekauft. Antjes Outfit schimmert dafür in allen Tönen von Pink. Wir haben den Großteil dieser Kleidung tatsächlich heute erst erstanden, holen erstmal alles aus den raschelnden Plastikhüllen, in denen die Balinesen so gern all ihre Produkte einpacken, und machen uns dann im Dunkeln an die Aufgabe, ordentlich vor Mangsu anzutreten. Irgendwie komme ich mir so illegal vor, wie ich mich, hinter der Autotür versteckt, als Balinesin verkleide. Eine wildfremde Frau läuft in Richtung Tempel auf dem Bürgersteig auf uns zu, sieht uns belustigt an, wie wir wirr an unserer Kleidung fummeln, bleibt stehen, stellt ihr Opfergabenkörbchen auf der Motorhaube ab und verkündet entschlossen: »I help you.« Wir stottern etwas, schon hat sie Antje am Sarong gepackt, zurrt feste und knotet gleichzeitig den Schal mit geübter Fingerfertigkeit. Dann zupfelt sie auch mich zurecht und geht zügig weiter. Mein Gewissen ist beruhigt. Wenn uns sogar jemand von hier hilft, uns umzuziehen, kann das ja so verkehrt nicht sein.

Tatsächlich wäre es eher respektlos, wenn wir versuchen würden, in unseren Sommerkleidchen in den Tempel zu kommen. Das würde gar nicht erst gehen, erklärt mir Antje, denn man darf einen Tempel nur im Zeremoniegewand betreten. Je nach Art und Gewichtung der Zeremonie muss der formelle Kleidungsbestand mehr oder weniger vollständig sein – an Tagen, an denen das Tragen eines Sarongs ausreicht, ergeben sich dann lustige Kombinationen wie Fußballtrikots und Ringelshirts mit Flipflops zu dem edel verzierten Wickelrock.

Ein Roller bleibt knatternd neben uns stehen: Mangsu ist angekommen, ihre Schwester sitzt hinter ihr und hält die Opfergaben, die in einem geflochtenen rechteckigen Körbchen verschlossen sind. Beide Mädels haben sich echt in Schale geschmissen, Mangsu sieht ganz anders aus als mit der kurzen Hose und dem roten Poloshirt, die sie sonst zum Arbeiten trägt: Bluse aus weißer Spitze, darunter ein golden changierender Rock, ein pinker Schal um die Taille. Knallrote Lippen hat sie auch und überhaupt eine ordentliche Portion Schminke im Gesicht. Es scheint wirklich so zu sein, dass man sich für den Abend im Tempel so herausputzt wie wir *Westerner* zum Ausgehen – aber da man sich hier ohnehin die meisten Nächte bei irgendwelchen Zeremonien um die Ohren schlägt, kann es durchaus sein, dass der Tempelgang als soziale Praxis das Ausgehen teilweise ersetzt.

»Ooooh, you look beautitful!«, bestaunt sie unsere Outfits und ist sichtlich stolz darauf, dass sie uns heute Abend mitnehmen darf. Kurz vor dem Eingang dreht sich Mangsu mit großen Augen und erhobenem Zeigefinger noch einmal um. »You don't have period, do you?« »Sonst darfst du nicht rein«, beantwortet Antje meinen fragenden Blick. Wir schütteln beide den Kopf – noch mal Glück gehabt – und treten ein.

Das hier sieht eher nach einem verschachtelten, etwas verwilderten Innenhof aus als nach einem Tempel. Gras wächst am Boden, es stehen ein paar Gartenstühle (Plastik, what else?) herum, mehrere

Zur spirituellen Reinigung im Rahmen eines Gebets werden in einem Tempel meist zunächst die Finger in heiligem Wasser, das in einer halben Kokosnuss (Kocor) dargereicht wird, gereinigt. Weiterhin bedarf es einer kleinen Schale aus Palmblättern, die mit Blumen gefüllt ist, dem sogenannten Canang, das an dem Ort des persönlichen Gebetes bereitgestellt wird. Nun wird noch ein Räucherstäbchen entzündet und in den Boden gesteckt, während man als Frau auf seinen Fersen sitzt, Männer hocken im Schneidersitz. Der Rauch des Stäbchens wird mehrfach mit den Händen Richtung Gesicht gefächelt. Die Handflächen werden zusammengelegt, die Finger zeigen gerade nach oben, und die Daumen berühren dabei die Stirn – jeder betet für sich, und doch entsteht dabei eine Art andächtiger Chor der Stille. Jede Gebetsrunde wird unterschiedlichen Göttern oder den aktuellen Anlässen gewidmet; bei der ersten Runde sind die Hände leer. Für die zweite, dritte und vierte Gebetsrunde wird jeweils eine Blüte aus dem Canang in die Finger genommen, die dann wieder von der Stirn aus nach oben zeigen. Bei der fünften Runde sind die Hände wieder leer und werden hoch über den Kopf gehalten. Nun läuft der Pemangku, der Tempelpriester oder die Tempelpriesterin, mit einer Schale heiligen Wassers (Tirtha) durch die Reihen und segnet die Betenden in kleinen Grüppchen damit, indem er oder sie Wasser mit einem kleinen Besen oder mit einer nassen Blüte aufnimmt und den Betenden dreimal damit bespritzt. Dieser hält nun seine Hände nach vorn, die rechte Hand über der linken eine Schale formend, in die der Pemangku dann heiliges Wasser gibt, das dann vom Betenden getrunken wird. Dies geschieht dreimal. Eine vierte oder fünfte Füllung reibt sich der Betende ins Gesicht und auf den Kopf. Erneut bespritzt der Pemangku ihn mit dem heiligen Wasser. Nun reicht er eine kleine Portion nassen rohen Reis (Bija), die der Betende mit der rechten offen gehaltenen Hand annimmt, in die linke übergibt und sich etwas Reis an die Schläfen (manchmal), die Stirn und an die oberste Stelle der Brust klebt und letztlich ein oder zwei Reiskörner schluckt – *food for thought.*

Altäre sind mit seidenen Tischdecken in Weiß und Dottergelb gedeckt. Wimpelketten und Girlanden umzeichnen die Tische, darauf thronen üppig bestückte Etageren, verzierte Kästchen, Tabletts und Körbe: die Opfergaben. Der Qualm von Räucherstäbchen tänzelt hoch in den schwarzen Nachthimmel, verfängt sich hier und dort in hübschen, kuppelförmigen Satinschirmchen, die über die Altäre gespannt sind.

Uns gegenüber befindet sich eine weitläufige steinerne Empore; die Pfeiler, die die hölzerne Überdachung stützen, sind in schwarz-weiß karierte Sarongs gewickelt. Ich erfahre, dass Balinesen zu feierlichen Anlässen nicht nur sich selbst, sondern auch gern Säulen, Baumstämme und Statuen einkleiden – ein bisschen so, wie wir einen Weihnachtsbaum schmücken würden. Auf der linken Seite der Empore sitzt das Orchester, auf der rechten und auf den Treppchen davor haben viele Familien Platz genommen. Sie hocken im Schneidersitz, unterhalten sich, viele haben silberne Tabletts im Schoß, mit kleinen Plastiktütchen darauf, Blütenblätter, Weihrauchstäbchen, kleine Fläschchen – warte mal, sind das Maggi-Flaschen? Ich werde später zu meiner Verblüffung feststellen: Ja, es sind alte Maggi-Flaschen mit verblichenem Etikett, in denen das Weihwasser transportiert wird.

Mangsu setzt uns gleich mitten rein, zu ihrer Familie. Ihre Mutter ist auch da, gemeinsam mit der jüngsten Schwester und einem kleinen Neffen. Dann trägt sie das Opfergabenpaket weg. Viele Nachbarn tun es ihr gleich, eine kleine Schlange bildet sich vor dem Altar, man grüßt und unterhält sich freudig.

Hinter uns sitzt das Orchester, Kinder und junge Männer an balinesischen Instrumenten.

Metallofone mit Bronzeplatten, Xylofone aus Bambus, Gongs und Trommeln in allen möglichen Größen, Bambusflöten und hölzerne Zithern – ist das das Schulorchester? Die Kinder, die da mit kleinen verzierten Hämmerchen in den Händen am Xylofon sitzen, sind teilweise richtig, richtig klein und scheinen jeden Moment bereit loszuklimpern. Ich bin schon in den letzten Tagen in den Geschmack traditioneller indonesischer Musik gekommen. Und natürlich geht es jetzt auch schon los.

Gamelan

Was für meine Ohren wie ein unharmonischer Mischmasch aus Nicht-ganz-Akkorden klingt, ist auf Bali und Java die traditionelle Musik des Gamelan. Die Orchester müssen immer Bronzegongs und Metallofone beinhalten; je nach Größe und Anlass wird mit Trommeln, Saiteninstrumenten, Flöten und Gesangsstimmen angebaut.

Dass diese Musik für westliche Hörer oft seltsam bis unangenehm klingen kann, liegt an der ungewöhnlichen Stimmung der Klangplatten des Metallofons – ein Instrument, das seit über 1600 Jahren in Indonesien hergestellt wird. Mit anderen Worten: Für jemanden wie mich klingt das wie Krach mit Scheppern. Die Jungs an den Gamelan-Turntables scheinen aber voll versunken zu sein in diesen Rhythmus und schauen nicht einmal hoch, als ich versuche, sie zu fotografieren.

Als das Lied in einem für mich völlig unabsehbaren Moment immer leiser klimpernd abklingt, merke ich, dass es in jeder Ecke des Tempels wuselt. Auf der rechten Seite vor uns, hinter einer dicken Mauer, ist ein abgeschotteter Bereich, in den ich nur durch einen Spalt zwischen Steinen gucken kann – dort drin sitzen ein paar Priester und eine Frau, einer davon liest aus einem Buch vor. Immer noch werden Opfergaben an den Altar gebracht, Priester tragen mit schnellem Schritt Tabletts und Körbe durch die Gegend, ganz weit links sitzen fünf Mädchen im Tanzkostüm da, mehrere Männer gehen nach vorn auf einen freien Fleck Rasen und knien sich dort in einer Reihe hin, um gleich das Purification-Ritual durchzuführen. Wie viele Priester sind hier eigentlich zugange? Irgendwie gibt es einen Haufen Leute, die aussehen, als würden sie gleich einen offiziellen Teil der Zeremonie übernehmen.

Mangsu hat hinter mir ihr Handy rausgeholt und angefangen, mit ihrem Mann zu facetimen. Er ist heute zu Hause geblieben, weil er noch so lange arbeiten musste. Sie zeigt ihm über die Smartphone-Kamera, dass wir auch da sind, und filmt in die Menge, er winkt uns auf dem kleinen Bildschirm zu. Es ist unfassbar laut, der vorlesende Priester hinter der dicken Steinmauer hat keine Chance gegen das allgemeine Getöse. Die Leute machen Selfies und Insta-Storys, immer wieder hört man Klingeltöne und das Aufploppen von Whatsapp-Nachrichten. Nun stolpern noch drei Mädels frisch in den Tempel, die die ganz aufwendige Variante des Tanzkostüms tragen –

mit goldenem Stoff, geschmückt mit metallischen, spitz zulaufenden Applikationen und einer hohen, schimmernden Krone auf dem Kopf. Die Gesichter sind so überladen dick geschminkt, dass ich sie zuerst für Masken halte. Die drei Tänzerinnen lassen sich auf weiße Plastikgartenstühle fallen, schauen kurz in der Gegend herum – um nach wenigen Minuten auch am Handy zu hängen.

Ich verstehe nur Bahnhof. Antje hatte mich zwar schon vorgewarnt, dass das hier mit der Formalität etwas lockerer genommen wird als bei uns. Aber so locker hatte ich mir das nicht vorgestellt. Mangsu tippt mir auf die Schulter. »We're going to get purified«, sagt sie aufgeregt und deutet auf den Grasfleck vor dem Altar, wo vorhin noch die Männer knieten. »You have to come too, otherwise you cannot stay here.« Ich denke nicht weiter nach, folge ihr mit Antje die paar Meter bis zum Schauplatz des Rituals und knie mich in der Reihe hin.

Also wie, was passiert jetzt mit den Reiskörnern? Klatsche ich sie mir an die Stirn, zwischen die Schlüsselbeine, in die Haare, oder soll ich sie doch in den Mund nehmen und zerkauen? Während ich mit dem Blick nach einer Lösung für mein Reiskorndilemma suche, wird mir bewusst, wie unangenehm mir das alles ist. Als jemand, der erst nach einem Jahr Katechismus und etlichen Kirchgängen die Eerste Hostie zu sich nehmen durfte, noch vor kurzer Zeit diese ganze Insel kein bisschen auf dem Radar hatte und auch nun so ziemlich nichts von dem versteht, was hier vor sich geht, sträubt sich plötzlich alles in mir. Ich fühle mich wie ein Betrüger, in meinem Balinesinnenkostüm über dem Badeanzug, mache kopflos und mechanisch Gesten nach, die eigentlich unheimlich bedeutungsträchtig sein müssten, und bin gerade von irgendwelchen Göttern, deren Namen ich nicht einmal aussprechen kann, *geblessed* und *purified* worden. Und noch dazu habe ich vor, von dieser ganzen Sache Fotos zu machen, sie zu dokumentieren, in den Westen mitzunehmen, ein Buch darüber zu schreiben ... Was fällt mir eigentlich ein! Wie kann ich ein Bild von etwas machen, was ich kaum begreifen kann? Wie kann ich etwas wiedergeben, dessen Komplexität ich nicht einmal an der Oberfläche angekratzt habe? Ich möchte heulen und wegrennen. Dabei halte ich immer noch diese Reiskörner in der Hand. Weglaufen ist also wohl keine Option, man rennt ja auch in der katholischen Kirche nicht mit der Hostie in der Hand flennend ins Freie. Mangsu hat den Reis mittlerweile auf der Stirn kleben, die seelenruhige Antje, die neben mir sitzt, ebenso, also mache ich es jetzt erst mal einfach nach. Eine Sache nach der anderen.

Wir gehen zurück an unseren Platz vor der Gamelanband. Während Mangsu wieder Facetime öffnet, diesmal mit ihrem zweijährigen Sohn an der Strippe, zische ich Antje irritiert meine Zweifel zu. Ihre Antwort, mich zu entspannen, die Balinesen seien da ganz easy, sonst hätten sie uns ja nicht eingeladen, hilft mir gerade kein bisschen. Ich bin wütend mit mir selbst, ratlos, ringe mit dem Gefühl, ich ließe hier gerade eine großartige Chance sausen, wenn ich nicht gleich die Kamera auspackte und losschösse, und der Tatsache, dass sich das so falsch anfühlt. Mir gegenüber sitzt ein älterer Mann mit gerunzelter Stirn, der – seiner Kleidung nach zu urteilen – wichtig sein muss und jedes Mal noch strenger schaut, wenn sich unsere Blicke kreuzen. »Schau mal, der Mann da drüben, der findet das überhaupt nicht cool, dass wir da sind«, flüstere ich rüber.

Wir einigen uns darauf, dass ich die Dinge einfach auf mich wirken lasse und frei entscheide, ob ich etwas festhalten möchte oder nicht. Damit kann ich leben. Trotzdem bin ich sauer auf mich selbst, dass ich mich nicht so entspannen kann wie Antje.

BANJAR

Es vergehen Stunden. Weitere Leute werden gereinigt, Opfergaben zum Altar gebracht, Texte vorgelesen, Gamelan gespielt. Es gibt keinen wirklichen Ablauf, habe ich das Gefühl, es passieren viele Dinge parallel. Ich bin müde, habe Hunger, aber langsam fange ich an, damit zu leben, dass ich die Blicke mit Leuten kreuze, mit denen ich nicht kommunizieren kann, dass wir einander nur anlächeln und dass ich hier sein kann und darf, auch wenn ich der hiesigen Glaubensgemeinschaft nicht angehöre. Mangsu ist aufgestanden und hat vom Altar das Opfergabenkistchen geholt. Sie öffnet es, darin sind jede Menge kleine, leckere Dinge – Cracker, Trauben, klebrige Küchlein aus Reis und Kochbanane, es duftet nach einer Mischung aus Frangipane, Weihrauch und süßlichem Gewürz. Alle greifen hinein und nehmen sich etwas, Mangsu stupst noch mal mit der Kiste in meine Richtung. Wie, wir essen jetzt die Opfergaben? Aber die waren doch für die Götter?

»Yes, but now we can eat them! You're going to stay here longer, you will be hungry soon!« Ich bin tatsächlich schon verdammt *hungry* und greife nach einem Päckchen aus gewickelten Palmblättern. Das länglich geschnittene Blatt lässt sich von oben nach unten spiralförmig abziehen wie eine Luftschlange, darin verbirgt sich ein gedämpftes Küchlein aus klebrigem Kokosmilchreis mit einer fruchtig-süßen Bananenfüllung. Es riecht irgendwie marzipanig und blumig.

Nun sitze ich also da in meiner feierlichen Verkleidung, wo ich mich doch daheim nicht mal in ein Dirndl traue, und mampfe auf beiden Backen den Göttern die Nachspeise weg, habe immer noch keinen blassen Schimmer, was ich da tue, aber zum ersten Mal seit vier Stunden das Gefühl, das sei okay. Die Stimmung um mich herum ist tatsächlich gelassen. Mangsu und ihre Familie scherzen, lachen und reichen das Tempel-Picknickkörbchen rum, wir könnten genauso gut auf einer Open-Air-Festivalwiese sitzen. Weiter hinten bereiten sich die Mädchen vor, einen Tanz aufzuführen. Das ist der traditionelle balinesische Tanz, bei dem die Frauen so ziemlich jedes Körperteil unabhängig voneinander bewegen, sogar Hals, Kopf und jeden Finger. Wir haben das schon am Nachmittag am Strand beobachten dürfen, dort gab es eine Vorführung, die verdächtig nach Touristenprogramm aussah, und ähnlich wie bei der Gamelanmusik konnte ich keine wirkliche Harmonie entdecken. Aber jetzt, wo sich die kleinen Mädchen aufgeregt vorbereiten, darunter eine winzige Zweijährige, die mühsam die komplizierten Handbewegungen einübt, werde ich neugierig. Ich schiele hinüber und nehme die Kamera auf den Schoß. Aber eigentlich sitze ich hier seitlich von den Tänzerinnen nicht wirk-

lich optimal. Wenn ich Glück habe, kriege ich vielleicht ein paar ungute Seitenaufnahmen hin. Der strenge, wichtige Mann mir gegenüber stiert immer noch her, oje, jetzt winkt er mir auch noch zu. Er deutet zweimal auf mich und die Kamera, dann auf den Platz neben sich. Von dort aus sieht man die Tänzerinnen gut, signalisiert er, indem er mit der offenen Handfläche nach oben zu den Mädchen deutet.

Handflächen vor der Brust gegeneinanderhalten und einen kleinen Knicks mit dem Kopf, terima kasih, das heißt »Danke!«, das habe ich schon gelernt, und das mache ich nun, bevor ich zu ihm rüberhüpfe und meine Kamera auf die grausigen Lichtverhältnisse einstelle. Die fünf Mädchen schubsen sich schüchtern kichernd nach vorn auf den Rasen, ich muss an die erste und letzte Vorführung meiner einjährigen Ballettkarriere denken, damals war ich sieben und, nein, es sah nicht elegant aus. Als sich das Orchester in Position bringt, werden die Mädchen schlagartig ganz ernst, reihen sich auf und beginnen zu tanzen.

Es sieht lustig aus, wie sie die kleinen Finger nach außen biegen, dann wieder kompliziert auseinanderspreizen, Daumen- und Zeigefingerspitze zusammenpressen und dabei die weit aufgerissenen Augen rollen, aber auch Kopf, Arme, Beine und Becken vollkommen unabhängig voneinander zur Musik bewegen. Mudras heißen die fein abgestimmten Handbewegungen, die jeder balinesische Tänzer von klein auf hart trainieren muss, und von der auch die winzigste eine Bedeutung hat.

Die Nacht ist noch lang, es folgen noch mehrere Tänze von den Mädchen, von dem golden eingekleideten Tänzerinnentrio. Und dann stehen bestimmt zwanzig, dreißig Frauen auf, plötzlich hat jede von ihnen eine kleine, filigrane Holzfigur auf dem Kopf – ein Boot, eine Ente, imposante Konstrukte mit zusammengesteckten Palmblattfächern und Blüten ... Hier und da reihen sich auch einige Männer zwischen ihnen auf, kleine Schatullen mit Weihrauch in der Hand.

Auch Mangsu ist dabei, sie grinst ab und zu zu uns rüber, sieht aber konzentriert und angestrengt aus, während alle in einem spiralförmigen Kreis tänzeln. Bestimmt eine halbe Stunde geht das, Mangsus Wangen werden rot, das Holzschiff, das sie da balanciert, muss ganz schön schwer sein. Später bleiben sie in einer Reihe stehen, Priester und Priesterinnen gehen herum. Es scheint, als wäre der Höhepunkt der Zeremonie erreicht.

Am Ende der Nacht habe ich für mich beschlossen, dass es okay ist, was wir hier machen.

Man kann sich keine Kultur der Welt, auch die balinesische nicht, in einem Monat vollständig erschließen, geschweige denn sie dokumentieren oder wiedergeben. Nicht in einem Monat und nicht in einem Jahr. Nicht einmal die eigene ist für einen selbst immer und gänzlich zugänglich. Weiß ich etwa, warum wir zu Weihnachten ausgerechnet Tannenbäume schmücken? Oder Plätzchen backen? Oder einen Strickpulli mit Rentier besitzen, um ihn ein einziges Mal im Jahr auf der Bad-Taste-Firmenweihnachtsfeier vorzuführen?

Was ich in diesen wenigen Tagen aber schon gemerkt habe, ist – ja, Bali ist viel mehr als Surfen, Yoga Retreat, Infinity Pools und Clean Eating. Trotzdem werde ich wohl bloß eine kleine Oberfläche dessen ankratzen, was das authentische Bali ausmacht – wenn man Authentizität überhaupt definieren kann. Ich habe keinen Anspruch auf Vollständigkeit, noch kann ich versichern, dass das die goldene Wahrheit ist, die ich hier festhalte und zeige. An diesem Abend, während wir auf einer lauten, staubigen Straße an hohen Palmen vorbei nach Hause düsen, beschließe ich meine Spielregeln für diese Reise. Ich werde mich treiben lassen, mein Bestes tun, um offen zu sein gegenüber allem, was uns erlaubt sein wird zu sehen. Es festhalten mit dem Bewusstsein, dass es mein ganz eigener Blick auf diese Menschen, Orte, Geschehnisse ist. Und wenn das uns *Westerners* ein bisschen helfen kann, unseren Blick auf diese verzauberte Insel jenseits des instagramablen Surfurlaubs zu erweitern, dann ist damit, glaube ich, schon viel Gutes getan.

Wayan, die Bäckerin

Die Zeit auf der Insel verfliegt. Wir haben ein *ground setting* miterlebt, eine Banjar-Zeremonie, eine Messe am Strand und eine *cremation* mitten auf dem Feld, haben Verzierungen aus Reisteig geknetet, beim Hacken von Lawar zugeschaut, gelernt, wie man aus einem frisch geschlachteten Schwein ein Festmahl fürs ganze Dorf zubereitet. Aber was ist, wenn ein Unternehmen feiert oder eine Gemeinschaft, die keine Zeit hat, um zeremonielle Speisen zuzubereiten? Feste feiern, wie sie fallen, das tut man ja bestimmt auch hier, und dann muss schnell auch Festtagsfutter her. François, ein verrückter, ganzkörpertätowierter Patissier, der schon vor vierzig Jahren aus Frankreich hierher ausgewandert ist, erzählt uns von seiner ehemaligen Kollegin Wayan: Sie ist Bäckerin, wohnt in einem kleinen Dorf und hat sich vor Kurzem selbstständig gemacht. Nun catert sie Süßgebäck für Zeremonien: steamed Brownies, Gula Merah Cakes und Bantal, diese gedämpften Klebreisküchlein mit der luftschlangenartigen Hülle aus Palmenblatt, die so unfassbar blumig duften.

Wir brechen also auf mit einem Uber, dessen Fahrer nicht wirklich versteht, wo wir hinwollen. Antje zeigt ihm auf ihrem Handy Google Maps und die ungefähre Richtung, er nickt (das tun sie oft, ob sie nun verstanden haben oder nicht), und es geht los. In Deutschland würde ich wegen all dieser Improvisation schier ausflippen – ganz zu schweigen von den Horden an Mopeds, die kreuz und quer um uns herumflitzen und auf denen Balinesen Gegenstände in allen Größen und Formen, ja, sogar ihre ganze vierköpfige Familie plus Haustier transportieren. Aber hier ist es okay. Das Leben verläuft in einem ganz anderen Rhythmus, die Uhrzeiten lassen sich dehnen wie ein Kaugummi, und, nein, Wayan weiß noch gar nicht, dass wir sie besuchen. Eine Adresse haben wir übrigens auch nicht. Aber ganz vielleicht erinnert sie sich an Antje. Das wird schon.

Irgendwo, auf einer langen Straße zwischen zwei Reisfeldern und zerfledderten Palmen hält der Uber-Fahrer an und verkündet: »Finished.« Es stimmt wohl, die Fahrt ist zu Ende, und da vorn fängt das Dorf an. Er bekommt ein paar kunterbunte Papiermilliarden in die Hand gedrückt, wir steigen aus.

Als sein Auto in der Ferne hinter einer Staubwolke verschwindet, wird mir klar, dass ich an einem Fleck der Welt bin, an den ich allein wohl nie wieder zurückfinden würde.

Antje hat aber Maps auf ihrem Smartphone offen und steuert auf das Dorf zu. Wir laufen durch kleine Häuser mit schiefen, verwitterten Mauern und wild wachsenden Gärten. Wäscheleinen hängen an den Palmen, manchmal baumelt auch nur ein T-Shirt an einem Kleiderbügel von einem Ast. Zottelige Hunde streunen herum und stibitzen Essen aus den Opfergabenkörbchen, die am Boden liegen, vor einem Haus sitzen zwei Frauen und flechten in irrsinniger Geschwindigkeit hübsche Körbchen aus Palmenfasern.

»Ibu Wayan's house? Wayan, the baker?«, fragen wir die beiden. Verwunderte Blicke, Achselzucken, verlegenes Kichern. Wir laufen weiter. Da kommt ein Junge auf einem Fahrrad auf uns zu. Wir fragen wieder.

FUJIKA

»Ibu Wayan! Yes!« Er freut sich offenbar riesig, dass er unsere Frage beantworten kann, wird ganz hibbelig, schaut aufgeregt um sich, um dann auf der Stelle kehrtzumachen und in einer Gasse zu verschwinden. Nach einer halben Minute taucht er wieder auf, gefolgt von einer Horde Kinder. Sie rennen schreiend und deutend auf uns zu, umzingeln uns, hüpfen, brabbeln und kreischen unverständliche Dinge, bis sie uns zu einem Tor begleitet haben.

»Here!«, deutet der Fahrradjunge aufs Tor – und weg sind sie alle.

Wayan steht auch schon in der Tür, bei all dem Krach. Sie ist eine sanfte Frau, wirkt irgendwie melancholisch, lächelt aber viel, lacht ab und zu ein bisschen verlegen. Sie sieht jung aus, hat schöne, glatte Haut und ein breites Lächeln aus geraden weißen Zähnen (ein klares Schönheitsmerkmal hier, wo jegliche ärztliche Behandlung so teuer ist). Und wenngleich sie sich sehr wundert, dass wir ausgerechnet sie besuchen wollen, lässt sie uns sofort herein. Sie ist gerade am Backen, morgen muss sie ein Catering ausliefern, erzählt sie, und deutet auf ihren Sohn, der im schmalen, düsteren Gang auf einer Matte am Boden sitzt und Bantals verpackt. Das Haus ist verschachtelt, eng geschnitten und ziemlich dunkel. Überall stehen Sachen herum, Klappstühle und darauf Töpfe abgestellt, leere Vogelkäfige, Eimer mit Putzsachen. Auf einem langen Klapptisch, der den Gang halb versperrt, thronen zwei große Tabletts voller Donuts mit Schokostreuseln. »Western sweets, now everybody wants western cakes«, erklärt sie. Aber sie wird gleich noch Gula Merah Cakes machen, versichert sie, Küchlein mit schwarzem Rohrzucker. Der Sohn muss jetzt los, sie hockt sich auf die Flechtmatte und übernimmt seine Aufgabe, die Bantals zu zählen, zuzuschnüren und zu verpacken. Währenddessen erzählt sie, dass sie das Catering nun seit ein paar Monaten betreibt.

Als alle Bantals in roten raschelnden Plastiktüten verteilt sind, führt sie uns in die Küche.

»Where do you bake?«, fragen wir. Die Küche ist so winzig, dass wir kaum zu dritt reinpassen. »Where is the oven?«

»Oh, no oven!«, lacht sie und versteht nun, wieso wir so verwundert schauen. »I make steam cakes.«

Tatsächlich kommt alles, was Wayan für ihr Catering produziert, aus zwei klapprigen, metallenen Dämpfboxen, die jeweils auf einer mobilen Kochplatte stehen. In die untere Etage kommt Wasser, darüber eine zweite Schublade, in die in einem Dampfsieb die Küchlein eingehängt werden. So backt alles im Wasserdampf, in Schüben von acht bis zehn Küchlein. Auch die dreihundert Donuts, die da auf dem Tisch liegen, hat sie so gemacht.

Wayan stellt sich auf einen Stuhl und beginnt, aus den sich hochtürmenden Regalen der klitzekleinen Küche die Zutaten für Gula Merah Cakes zu nehmen. Mehl, eine kleine alte Waage, Öl, Eier, Gula Merah den namensgebenden dunklen Rohrzucker. Der Teig wird dickflüssig, geschmeidig durch das Öl, und duftet genauso karamellig süß, wie es seine satte ockerbraune Farbe erahnen lässt. Wayan füllt ihn in Förmchen, setzt den blechernen Dampfapparat in Gang, und nach einer knappen Viertelstunde stehen wir mit einem Teller Steamed Gula Mera Cakes auf der Dachterrasse bei Wayans Haustempel und blicken über das Dorf.

NAMENSGEBUNG

»Wayan« – davon haben wir in den letzten Wochen bestimmt ein Dutzend getroffen – Männer wie Frauen. Genauso wie es einen Haufen »Komangs« gibt oder »Mades«. Wieso heißt hier eigentlich jeder gleich?

Auf Bali wird das mit der Namensgebung bei Neugeborenen eher praktisch gesehen. Der Name wird – innerhalb einer kleinen Auswahl an Optionen – nach der Reihenfolge der Geburt festgelegt. So bedeutet »Wayan« nichts anderes als »der Älteste«, mit ein paar Alternativen wie »Putu« oder »Gede«, die ebenfalls für Erstgeborene möglich sind.

Es geht weiter mit »Made« (in der Mitte) oder »Kadek« (der Zweite), gefolgt von dem dritten Kind, bei dem die Eltern zwischen »Nyoma« (der Jüngste) oder »Komang« (das Baby) entscheiden können. Idealerweise hat die balinesische Familie nämlich auch nur bis zu drei Kinder – weswegen ein darauffolgendes Kind eigentlich nur noch »Ketut« heißen kann: »Gefolgter« oder, wie manche meinen, auch »nicht gewollt«.

Ich musste immer lächeln, als mir unser Fahrer in holprigem Englisch von seinen Kindern als »number one« und »number two« erzählte. Das war aber kein Sprachgestolper, das heißt übersetzt wirklich so. Dass die Namen gleichermaßen für Männer und Frauen funktionieren, macht den Auswahlprozess noch mal einfacher und zeigt mir wieder, wie praktisch die Leute hier denken. Natürlich gibt es auch immer mehr Balinesen, die sich für westlich klingende Namen entscheiden oder die Namen zu Nicknames umformen, um zu häufige Verwechslungen zu vermeiden.

Die Cakes sind für das Catering abgezählt, aber wir bekommen von den Donuts welche zu probieren, und eine Dose eiskalte Cola, das tut gut. Warmer Wind wirbelt die Wäscheleinen unter uns auf, pustet das Grün der Reisfelder in der Ferne in eine Richtung, wir stehen noch ein bisschen mit Wayan auf dem Dach und schauen uns die Gegend an.

Auf dem Rückweg – die Sonne hängt schon etwas tief, hier wird es ja immer so früh dunkel – treffen wir wieder auf die Kinderhorde, die auf einem Vorplatz gerade von einem Food-Moped (also einem Foodtruck auf zwei Rädern) Süßigkeiten kauft. Sie schreien noch mal auf, als sie uns sehen. Der Verkäufer grinst uns an. Als er wegdüst, zeige ich auf die Kamera und schicke Antje mitten in die Kindermenge. Haben die sich gefreut! Jeder in einer anderen Pose, grinsen sie in die Kamera und kriegen sich gar nicht mehr ein vor lauter Grimassenziehen.

Wie kommen wir jetzt eigentlich wieder heim? »Du hast das schon alles gemanaged, während ich in der Gegend rumgeknipst habe, oder?«, frage ich Antje.

Na klar doch! Aus dem ausgedörrten Wilden Westen vor uns erscheint zuerst eine dicke Staubwolke, dann unser Uber. Und der weiß diesmal ganz genau, wohin wir müssen.

CiLOK

Steamed Brownies

Diese süßen Naschereien genießt unsere Freundin Mangsu, um lange Zeremonien zu verkürzen.

Für 4 Personen | Zubereitungszeit 15 Minuten plus 25 Minuten Backzeit

12 Bananen(oder Mais-)blätterrechtecke von ca. 12 x 15 cm
50 g Weizenmehl, Type 405
50 g Klebreismehl (Tepung Ketan)
50 g Kakaopulver
1,5 TL Backpulver
100 g dunkle Schokolade, geraspelt
2 Eier
200 g Kokosmilch
50 ml Pflanzenöl (z. B. Kokos-, Raps- oder Sonnenblumenöl)
50 g Palmzucker (Gula Merah), gerieben
1 Prise Meersalz
100 g frische, reife Kokosnuss (oder 75 g Kokosraspel mit 25 ml heißem Wasser übergossen)

Für die Glasur:
3 EL Kokosöl
1 EL Palmzucker (Gula Merah), gerieben
2 EL Kakaopulver

1. Aus den Bananenblättern kleine Backformen falten, indem man zunächst die Bodenlinien vorfaltet und dann an den kurzen Seiten die Kanten mithilfe eines halbierten Zahnstochers zusammensteckt. Alternativ 12 Silikon-, Glas- oder Metallbackförmchen bereitstellen. Einen Dämpfer mit Wasser befüllen und erhitzen.

2. Das Weizenmehl, das Klebreismehl, das Kakaopulver und das Backpulver in eine Schüssel sieben, die geraspelte Schokolade untermischen. In einer weiteren Schüssel die Eier mit der Kokosmilch, dem Öl, dem Palmzucker, dem Meersalz verschlagen. Vom Fruchtfleisch der Kokosnuss mit einem Sparschäler einige Späne zur Dekoration abschälen und abgedeckt beiseitestellen, den Rest raspeln und zur Eimischung geben. Beide Mischungen zügig miteinander vermengen und den Teig in die Förmchen füllen. Diese in den Dämpfer stellen (ggf. ein Blatt Backpapier über die Form geben, damit kein Kondenswasser auf die Kuchen tropft. Die Brownies ca. 20 Minuten backen, bis die Masse gerade komplett gestockt ist. Kurz auskühlen lassen.

3. Für die Glasur das Kokosöl ggf. leicht erwärmen und den Zucker und das Kakaopulver hineinrühren. Über die Küchlein gießen und mit den Kokosspänen bestreuen.

Klepon Hijau

Kleine Klößchen, mit Palmzucker gefüllt, der sich beim Kochen verflüssigt: Wenn man daraufbeißt, erfüllt ein wunderbar würzig-süßer Sirup den Mund.

Für 4 Personen | Zubereitungszeit ca. 40 Minuten

1 Bund frische Pandanblätter
300 ml Wasser
250 g Klebreismehl (Tepung Ketan)
50 g Reismehl (Tepung Beras)
1 halbe frische Kokosnuss (oder 100 g Kokosraspel mit 50 ml heißem Wasser übergossen)
Meersalz
150 g Palmzucker (Gula Merah) am Stück

1. Die Pandanblätter waschen, grob zerschneiden und mit dem Wasser in einen Messbecher geben. Mit dem Pürierstab oder einem Blender sehr fein pürieren. Die Masse durch ein feines Sieb streichen, die Flüssigkeit auffangen. Kurz stehen lassen und die Pflanzenfasern gut ausdrücken, um den ganzen grünen Saft zu erhalten. Die Blattfasern entsorgen.

2. Die Mehle verrühren. Den grünen Pandansaft hineingeben und alles zügig zu einer homogenen Masse vermengen. Einen Topf mit Wasser aufsetzen und zum Köcheln bringen, salzen. Das Fruchtfleisch der Kokosnuss reiben, leicht salzen und auf einen Teller geben. Den Palmzucker mit einem Messer in etwa kichererbsengroße Stücke schneiden (bröselt etwas).

3. Ein kirschgroßes Stück von der Teigmasse abnehmen, zu einer Kugel formen, flach drücken, ein Stück Zucker in die Mitte geben, die grüne Masse darum fest verschließen und zu einer Kugel rollen. Wenn die Hälfte der Masse zu Kugeln geformt wurde, diese in das Wasser geben und leicht köcheln lassen, bis die Klößchen an die Wasseroberfläche steigen. Herausnehmen, kurz auf der Schaumkelle abtropfen lassen und anschließend in den Kokosraspel wenden. Mit der zweiten Hälfte der Masse genauso verfahren.Übung macht den Meister!

Tipp: Klepon lassen sich mit den unterschiedlichsten stärkehaltigen Zutaten herstellen, z. B. mit Süßkartoffeln oder lila Kartoffeln. Hierzu 250 g gekochte Kartoffeln zerdrücken und mit 100 g Klebreismehl, 2–3 EL Speisestärke und etwas Salz rasch vermengen und die Masse wie oben beschrieben zu Klepon verarbeiten.

Bantal

Klebreiskissen – kleine Kunstwerke mit naschbarem Inhalt.

Für 4 Personen | Zubereitungszeit ca. 60 Minuten plus 60 Minuten Einweichzeit und 60 Minuten Garzeit

200 g Klebreis
150 g frische reife Kokosnuss (oder 100 g Kokosraspel mit 50 ml heißem Wasser übergossen)
50 g süße rote Bohnen, gekocht (bspw. Azuki-Bohnen)
1 Banane
1 Bio-Limette
50 g weißer Zucker
1 Prise Meersalz
20 frische junge Blätter von Kokosnusspalmen; Maisblätter gehen zur Not auch, erfordern aber mehr Geschick

1. Den Klebreis in reichlich kaltem Wasser eine Stunde einweichen. In der Zwischenzeit das Fruchtfleisch der Kokosnuss raspeln und die Bohnen grob hacken. Die Banane schälen und in ca. 20 gleich große Stücke schneiden. Die Limette waschen, die Schale fein über die Bananenstücke raspeln, den Saft ebenfalls darüber pressen. Den eingeweichten Reis mit den Kokosraspel, dem Zucker, dem Salz und den Bohnen vermengen.

2. Die festen Adern der Blätter mit dem Messer entfernen. Aus den Adern 20 ca. 1,5 cm lange Stücke und 20 ca. 25 cm lange Stücke schneiden. Aus einer Seite des Blattes eine Art Kissen formen, indem der Blattstreifen zunächst nach ca. 4 cm umgeknickt und zurück zum Anfang geführt wird. Dort wird er wieder umgeknickt und um 180 Grad gedreht zurückgelegt. An diesem Punkt die entstandene Zickzackschlaufe mit einem Stück der Blattader befestigen, um eine Art Boden zu erhalten. Nun den Blattstrang immer wieder um den Boden wickeln, bis eine zylindrische Form entstanden ist; dafür das obere Stück mit einem weiteren Stück Blattader fixieren. Einen Teelöffel der Reismischung in diesen Blattbecher geben, ein Stück Banane und einen weiteren Teelöffel Reismischung daraufgeben. Den Blatttrichter entgegengesetzt zur Bodenrichtung schließen, mit einem kurzen Stück Blattader feststecken und anschließend mit einem der langen Stücke umwickeln. Alternativ eignet sich beispielsweise die Herstellung eingebunden in Musselintuch-Quader wie kleine Knödel.

3. Einen Dämpfer oder Topf mit Dampfeinsatz und Wasser erhitzen. Wenn alle Päckchen gefüllt sind, diese im Dämpfer in 60 Minuten garen. Abkühlen lassen und servieren.

Backen auf Bali

Jajan Bali, balinesische Kuchen sind eine Spezialität mit vielen spannenden Varianten aus verschiedenen Teilen der Insel. Sobald man einen Verkaufsstand entdeckt hat oder zu einer Feier eingeladen wird, sollte man sich unbedingt durchprobieren. Auch die Zeremonien sind immer ein Anlass für die Balinesen, Jajan Bali zuzubereiten und zu vernaschen – auch während der Zeremonie im Tempel, versteht sich.

Da es auf Bali früher kein Weizenmehl gab und Reis die *staple crop* ist, wird meist mit Reismehl »gebacken«. Auch klassische Backöfen gibt es nicht, sondern die Backwaren wurden und werden in großen Dämpfern oder direkt im kochenden Wasser gegart. Aus dem Zusammenspiel vom Reismehl mit dem Dampf entstehen die unvergleichlich spannenden Konsistenzen der Jajan Bali. Durch die Ergänzung der Möglichkeiten in den letzten Jahrzehnten durch den Import von Weizenmehl und durch inzwischen oft zur Verfügung stehenden Öfen entstehen immer neue Kuchenvarianten.

Zutaten

Die klassischen Mehle auf der Insel sind das Klebreismehl Tepung Katan und das »harte« Reismehl Tepung Bras. Weiterhin gibt es auch Mehl von dunkellila Reis und Mehl von lilafarbenen Tarowurzeln, Tepung Ubi Ungu. Tapiokastärke wird auch bei vielen Speisen eingesetzt. Zum Süßen wird meist balinesischer Palmzucker, Gula Merah, also Roter Zucker, genutzt. Mit Kokosblütenzucker zu süßen ist auch fein. Kokosnuss spielt generell eine große Rolle. So wird entweder die Kokosnuss frisch geraspelt und, oft leicht gesalzen, verarbeitet, oder es wird eine Kokoscreme hergestellt. Diese kann entweder selbst durch Auswaschen und Auspressen von frischem Kokosnussfleisch hergestellt oder durch fertige Kokosnusscreme ersetzt werden (auf der Insel wird dann meist synonym von Kara, der führenden Marke in diesem Bereich, gesprochen). Die feine grasig-samtige Note und ein leichter lindgrüner Farbton kommt vom Pandan Leaf, das man meist in der Kühlabteilung gut sortierter Läden für asiatische Lebensmittel findet. Soll die grüne Farbe intensiver sein, wird zum Suji-Blatt oder zu grüner Lebensmittelfarbe gegriffen. Telur, Eier, werden auf der Insel häufig verwendet. Wer lieber vegan backt, kann diese durch geschroteten und in Wasser aufgequollenen Leinsamen ersetzen.

Gula Merah Cakes

Balinesischer Palmzucker gibt diesen Kuchen die fein-karamellige Note.

Für 4 Personen | Zubereitungszeit ca. 20 Minuten plus 25 Minuten Backzeit

150 g geriebener Palmzucker (Gula Merah) oder ein kräftiger brauner Rohrzucker
100 ml heißes Wasser
75 ml Pflanzenöl (z.B. Kokos-, Raps- oder Sonnenblumenöl)
2 Eier
1 Prise Meersalz
100 g Weizenmehl, Type 405
100 g weißes Klebreismehl (Tepung Ketan)
2 TL Backpulver
Je 1 Prise Gewürze wie z. B. Zimt, Macis oder Nelke

1. Den Zucker mit dem heißen Wasser verrühren. Kurz abkühlen lassen. Das Öl und die Eier hineinrühren. Das Salz, das Weizenmehl, das Klebreismehl und das Backpulver in eine Schüssel sieben.

2. Beide Mischungen zügig miteinander zu einem homogenen Teig vermengen und in 12 Silikon- Glas-, oder Metallbackförmchen füllen. Diese in einen Dämpfer stellen. Die Küchlein ca. 20 Minuten im Dampf garen, bis sie aufgegangen sind. Garprobe: Ein Holzstäbchen in die Mitte der Küchlein stecken und wieder herausziehen. Ist es sauber, ist das Gebäck gar.

3. Die Küchlein noch heiß mit Eis (z.B. Kokoseis) oder ausgekühlt zum Kopi Bali servieren.

PAS

A R

PASAR

Markt der Farben

Einkauf für die Zeremonien –
Rezepte für die Opfergaben

Tag eins auf Bali. Ich wache auf, und erstmals fällt der Groschen so richtig: Ja, es stimmt, wir sind gestern nach achtzehn Stunden Flug hier angekommen. Darum roch es also alles so verdammt betörend nach Frangipani, die ganze Nacht lang. Ich schiebe die schwere dunkle Holztür meines Zimmers auf und stehe vor einem fetten Pool. Ich kann riechen, wie im Haus gerade Reis mit vielen Dingen angebraten wird, irgendwo in der Ferne ertönt komisch klimpernde Musik. Während ich vergebens versuche, etwas Melodisches darin zu identifizieren, trabt Antje die Treppe von ihrem Zimmer herunter. Wir schleichen uns am Frühstückstisch vorbei hinaus und stellen uns an die Straße. »Worauf warten wir eigentlich?«, fällt meinem nebligen Hirn nach etwa zehn Minuten des Rumstehens auf.

»Auf einen Beemo!«, antwortet Antje, sie scheint trotz Jetlag und Co. um einiges fitter zu sein als ich gerade. »Wenn du einen verbeulten, grün angestrichenen kleinen Bus siehst, der keine Türen hat und aus dem Auspuff raucht, dann winken.«

»Ah, und damit wollen wir fahren? Super«, nuschle ich und blinzle die Straße runter. Das Licht ist schön golden, die Straße schimmert, im Asphalt sind viele Risse.

Irgendwann taucht tatsächlich eins dieser Gefährte auf. Beemos hupen schrecklich oft und schrecklich schrill, lerne ich gleich noch dazu, denn sie bieten damit ihre Fahrdienste an. Wir winken, der Fahrer macht einen halsbrecherischen U-Turn und hält genau vor uns. Wir hüpfen durch die winzige Tür in den Minibus und hocken uns auf eine der kleinen Bänke. Antje verhandelt den Preis der Fahrt (es geht, in balinesischer Währung, lediglich um ein paar Tausender), und der Beemo düst los. Die offene Seitentür pustet uns lauwarmen Fahrtwind ins Gesicht. Ich werde langsam wacher.

Ein paarmal nur lass ich meinen Blick die Straße entlangschweifen, schon wird mir klar, was Antje damals meinte mit dem Satz: Die Opfergaben sind überall.

Vor allen Häusern und Geschäften, Cafés und Lokalen, auf kleinen Bambusgestellen, am Boden auf dem Bürgersteig, aber auch auf Fensterbrettern, Balustraden, in Nischen in der Wand liegen kleine Schälchen aus geflochtenen Palmblättern mit bunten Sachen drin. Im Vorbeirauschen kann ich gar nicht so genau erkennen, was: Blumenblätter? Kleine Häppchen Essen? War da eine Zigarette in dem einen Körbchen? Und so winzig kleine Plastiktütchen mit Wasser drin? Die Schälchen haben etwas von Wundertüten, man könnte meinen, ein Wichtel war da und hat den Hausbewohnern eine kleine Überraschung vor die Tür gelegt. Ich halte belustigt Ausschau nach den Opfergabenschälchen. Gefühlt liegt auf jeder Abstellfläche irgendwas Kleines, Buntes, Opfergabenmäßiges, fast so, als würden alle Löcher in der Landschaft damit zugestopft. Ist das eine Strategie, damit kein Platz mehr für die bösen Geister bleibt? Wird das eigentlich alles am Abend wieder weggeräumt? Oder fressen das dann Tiere weg? Ist das dann ein schlechtes Omen?

Meine Gedanken flitzen, während der Beemo die Hauptstraße hinunter zum Markt holpert. Sogar auf dem Armaturenbrett liegt so ein Palmblattschälchen, darin Blüten, ein Häufchen gekochter Reis (Reste vom Frühstück?), ein Bonbon, ein Minikeks und ein qualmendes Räucherstäbchen. Als wir halten, dreht sich unser Fahrer um, mein Verdacht wird bestätigt, ich hatte vorhin richtig gesehen: Von dem pappigen Reis in dem Schälchen klebt auch ein Portiönchen auf seiner Stirn. Ein funkelndes Zyklopenauge aus zerquetschten, womit auch immer festgeklebten Reiskörnchen, das jedes Mal auf und ab tanzt, wenn er beim Sprechen seine Stirn runzelt. Ich kann nicht weggucken, glücklicherweise muss ich aber auch nicht lachen. Antje drückt ihm ein paar Bündel Geldscheine in die Hand. Wir steigen aus, der Beemo entschwindet hupend und rauchend in der Ferne.

Wir stehen vor der Markthalle, Menschen strömen ein und aus und tragen dabei Dinge in allen Größen, Formen und Gewichtsklassen auf dem Kopf, meist ohne die Hände zu Hilfe zu nehmen. Einige tippen dabei in ihr Smartphone, manche Frauen haben zusätzlich auch noch ein Kind auf dem Arm. Wir stürzen uns ins Gewimmel.

Von den zehn Standreihen in der Markthalle sind bestimmt drei dem Verkauf von Zeremoniezubehör gewidmet: Weihrauch, handbemalte Opfergabenboxen, Sarongs und zeremonielle Kleidung, goldene, aufwendig verzierte Etageren für die Opfer im Tempel, einzeln verpackte Süßspeisen und Cracker, die zur Befüllung eben dieser Etageren dienen, und, und, und …

Hier und da flechten Frauen kleine Behältnisse und Schälchen aus Palmenblättern, man könnte stundenlang zuschauen und dabei in eine Art Trance verfallen, es sieht aus wie ein geschickter Zaubertrick: Hokuspokus, und noch ein Körbchen.

Über jedem Stand hängt natürlich auch eine kleine Box an einem Pfeiler, darin Weihrauch, Blütenblätter, kleine Portionen bunter Gaben. Am Boden genauso, man muss echt aufpassen, wohin man tritt. Sogar Wasser, Kaffee und Sambals werden geopfert und dazu in winzig kleine durchsichtige Plastiktütchen verpackt, Goldfischtütchen *en miniature* quasi.

Aus all diesen Devotionalien eine korrekte Opfergabe zusammenzustellen ist allerdings keineswegs dem Zufall überlassen. Während meiner ersten Tage auf Bali scheint es mir so, als folge diese Sache mit dem Opfern keinem wirklichen System. Man nehme einfach ein bisschen von all dem, was man selbst so gern mag, und opfere das Göttern, bösen Geistern und Vorfahren, nach dem Motto »Das beste Geschenk ist das, was man am liebsten selbst behalten würde« (umso mehr, wenn man es im

JAJA-OPFER

Die Opfergaben auf Bali gehören zur uralten Tradition von Hinduismus und Buddhismus und werden bei spirituellen Veranstaltungen aller Art, bei Übergangsriten, Ahnenverehrung und animistischen Zeremonien dargebracht. Palmblätter, Blumen, Früchte, Reis und Fleisch in einer enormen Vielfalt an Formen. Auch die jeweiligen Farben und Mengen sind nicht zufällig, sie werden von der balinesischen Kosmologie vorgegeben.
Opfergaben findet man überall auf der Insel, in den verschiedensten Abwandlungen.
Reiskuchen (Jaja) werden aus einer Teigmischung aus Wasser und verschiedenen Klebreismehlen hergestellt und sind nur eine der vielen Grundstoffe, aus denen schmuckvolle Opfergaben gestaltet werden können. Die Figuren der Jaja, die meistens Menschen und Tiere in verschiedenen Positionen darstellen, werden mit den feuchten Händen aus dem Teig gepresst, so, wie man es mit Knetmasse machen würde.
Zu wichtigen Anlässen und größeren Zeremonien werden die kleinen bunten Küchlein oft zu größeren Gestecken, Sarads genannt, zusammengetragen.

Nachhinein dann eh auch selbst essen darf). So erklären sich mir die vielen lustigen Körbchen und Etageren mit Bonbons, Küchlein, Zigaretten und ähnlichem Kram, die ich überall sehe.

Doch ich werde erfahren, das Regelwerk rund um die balinesische Spiritualität ist um einiges komplexer als das. Vielleicht.

Die Königinnen der Märkte

Die Märkte auf Bali sind für mich als essensverliebte Köchin mit die schönsten und aufregendsten Orte. Bunte Blumen, exotische Lebensmittel, spannende Gerüche und viele tolle Frauen. Denn Kaufen und Verkaufen auf dem Markt ist Frauensache, man sieht nur wenig Männer, höchstens noch die kleinen Söhne, die noch nicht in die Schule gehen und ihre Mütter begleiten. So ist Einkaufen hier ein wunderschöner Austausch, eine Gemeinschaft, kein Basar-Gefühl mit lautem Handeln und schroffem Wettbewerb. Nach ein, zwei Besuchen kennt

PUTU GALI

man sich, nickt sich zu, begrüßt sich, prüft, probiert, kauft. Die Arbeit auf dem Markt ist hart, früh in den Morgenstunden beginnt das Treiben, und davor muss die Ware ja noch hierher transportiert werden, manchmal mit kleinen Minitrucks, oft auch mit dem Roller oder zu Fuß – mit der Ware in großen Körben auf dem Kopf. Am Markt angekommen richtet dann eine jede ihren Stand ein. Oft sind dies feste, gemauerte Stände, in Reihen angeordnet, hinter denen die Damen stehen, sitzen, arbeiten, verkaufen. Hier werden Fische geschuppt, Hühner zerteilt, Gemüse geputzt, Kokosnüsse geraspelt und lose Ware verpackt. Kleine freistehende Stände bieten Snacks für die Verkäuferinnen und Käufer an. Hier werden Lak Lak, kleine Küchlein, gebacken, dort gibt es einen Sate-Grill, und draußen verkauft eine strahlende Dame Jamu, ein Elixir-Getränk mit Tamarinde und Kurkuma. Märkte sind einfach wunderbare Orte, an dem man den Früchten der Natur und netten Menschen begegnet, an denen man Neues entdeckt und viel essen kann – auf Bali besonders.

AQUA

PASTRY

Ibu Dayas Cacalan-Kunst

Gleich vis-à-vis vom Pasar Sindu, dem Marktgelände in Sanur, führt uns der Weg über die geschäftige Straße voller hupender Autos, Roller, Beemos in einen Innenhof – Stille. Hier zwitschern nur die Vögel. Ein großer Baum spendet Schatten in der freien Fläche zwischen den Wohnhäusern. Eine schöne, strahlende Frau, die in sich selbst zu ruhen scheint, kommt sanft lächelnd auf uns zu. Ibu Daya wohnt hier zusammen mit ihrer Familie. Sie stellt Cacalan her, eine besondere Art der Jaja Bali, kleine Figuren aus Reisteig, die für Opfergaben als »Speise für die Götter« hergestellt werden.

Wir folgen Ibu Daya, sie bringt uns zu einem Platz, wo bereits eine Dame mit ihrer kleinen niedlichen Tochter auf dem Schoß auf dem Boden sitzt. In ihrer Hand hält sie eine Schere, mit der sie Palmblätter bearbeitet, um aus diesen Canang zu formen, die kleinen Körbchen, die für Zeremonien mit Blüten gefüllt werden. Um sie herum ihre Arbeitsmaterialien in bunten Plastiktüten.

Auch Ibu Daya hat sich wieder in ihre Arbeit vertieft und präpariert die kräftigen Palmblätter für die weitere Arbeit. Wir schauen andächtig zu, mögen die schöne Stille, diese Oase mitten im trubeligen Teil Sanurs, gar nicht mit unseren Fragen stören. Aus verschiedenen Reismehlen und Wasser wird ein fester und doch geschmeidiger Teig hergestellt. Dieser kann auch mit Pflanzenauszügen eingefärbt werden. Mit schnellen Fingern rollen die Damen kleine Würstchen aus dem Teig und ruckzuck entstehen Ornamente, Verzierungen, Symbole. Von einfachen Stücken, die beispielsweise Blüten, Bambus-

Miyako

sprösslinge oder die verschiedenen Himmelsrichtungen darstellen, bis zu aufwendigeren Gebilden, die Sagengestalten und Götter ehren. Jedes Dorf hat seine besonderen Formen, jede Cacalan-Herstellerin ihren eigenen Stil. Ich frage, wonach entschieden wird, was geformt wird – auch hier die schöne Antwort. »Alles, was uns lieb und teuer ist. Hier, probier doch auch mal«, sagt Ibu Daya und legt uns einen Reisteigball in die Hand. Eine Erdbeere! Schießt es mir in den Kopf. Kurz überlege ich, ob es respektlos sein könnte, eine Frucht zu formen, noch dazu eine, die hier auf Bali nicht heimisch ist, sondern hergebracht wurde. Doch die Balinesen mögen ihre »Stroberi« genauso sehr wie ich, und für mich ist sie eine Manifestation der Schönheit der Natur. Also, los geht's.

Zusammen mit den Damen sitzen wir also auf dem Boden, formen, reden manchmal kurz, genießen die Gemeinsamkeit und die Fokussierung auf die Arbeit – ein sehr schönes Gefühl.

Dann ist der Teig verbraucht, die Ornamente sind geformt. Ibu Daya trägt sie auf einem großen Tablett in ihre »Cacalan-Küche«. Sie dreht den Gaskocher auf, um den Wok voller Öl darüber zu erhitzen. Langsam lässt sie eine Reisteigfigur nach der nächsten in das heiße Fett gleiten, dreht sie um, achtet sorgsam darauf, dass sie nicht bräunen, und holt sie wieder raus. Ganz am Ende nimmt sie meine dicke Reisteig-Erdbeere, schaut mich kurz verschmitzt lächelnd an und gibt dieses Symbol meiner norddeutsch geprägten Naturverliebtheit in den Wok. Uns beiden ist es nicht ganz geheuer, wir gehen einen Schritt zurück – zurecht! »Puff!« mit einem lauten Knall explodiert die viel zu dicke und dadurch feuchte Teigkugel im heißen Öl. Zum Glück ist uns in der sicheren Entfernung nichts passiert – ich schäme mich ein bisschen, dass ich dieses Unglück ausgelöst habe, doch dann lachen wir zusammen über das »Stroberi Bombing«.

Lak Lak

Ein süßer, leicht samtig-grasiger Geruch steigt auf, wenn diese köstlichen kleinen Pandan-Küchlein auf den Märkten Balis gebacken werden.

Für 4 Personen | Zubereitungszeit ca. 30 Minuten plus 20 Minuten Backzeit

150 g Klebreismehl (Tepung Ketan)
100 g Weizenmehl
Meersalz
½ TL Backpulver
10 Pandan- oder Suji-Blätter oder alternativ ein kleines Bund Minze, Basilikum, Kerbel oder ein Mix daraus
400 ml heiße Kokosmilch
100 g Kokosfleisch (oder 50 g getrocknete Kokosraspel und 50 g Kokosmilch)
100 g geriebener Palmzucker (Gula Merah) oder kräftiger brauner Zucker
100 ml Kokosmilch
Pflanzenöl (Kokos oder Raps) zum Ausbacken

1. Beide Mehle mit 1 Prise Meersalz und dem Backpulver mischen.

2. 200 ml Wasser erhitzen, die Kräuter hineingeben. Die heiße Mischung pürieren und durch ein feines Sieb passieren. Die noch heiße grüne Flüssigkeit mit der Kokosmilch mischen und in die Mehlmischung einrühren. Den Teig eine Viertelstunde ruhen lassen.

3. Die frische Kokosnuss raspeln und mit 1 Prise Meersalz vermengen. (Getrocknete Kokosraspel mit leicht erwärmter Kokosmilch und dem Salz vermengen und ca. 15 Minuten quellen lassen.) Den Zucker und die Kokosmilch in einen kleinen Topf geben und bei mittlerer Hitze zu einer homogenen Masse schmelzen lassen. Beiseitestellen.

4. Die Lak Lak können in einer speziellen Pfanne oder einer handelsüblichen schweren Gusseisenpfanne ausgebacken werden. Dazu das Öl erhitzen und den Teig esslöffelweise ausbacken.

5. Die Lak Lak mit dem Zucker-Kokos-Sirup beträufeln und die geraspelte Kokosnuss darübergeben.

Perkedel Jagung

Mais und Kaffir-Limette – eine göttliche Zusammenkunft.

Für 4 Personen | Zubereitungszeit ca. 30 Minuten

2 Schalotten
1 Knoblauchzehe
1 Stängel Zitronengras
4 Kaffir-Limettenblätter
1 kleine rote Chilischote
4 Maiskolben (oder 600 g TK-Mais)
4 Eier (oder 50 g geschrotete Leinsamen, mit 100 ml warmem Wasser und 100 ml Kokosmilch püriert und 15 Minuten zum Quellen beiseitegestellt)
100 g Reismehl
½ TL Backpulver
1 TL Meersalz
1 Bund Frühlingszwiebeln, fein geschnitten
Pflanzenöl (Kokos oder Raps) zum Braten
1 Rezept Sambal Matah (siehe Sambal School, Seite 38 f.)

1. Schalotten und Knoblauch abziehen, Zitronengras, Limettenblätter und Chilischote putzen. Alles grob hacken, dann im Mörser zerstoßen. Den Mais vom Kolben schneiden und kurz mitmörsern oder kurz anpürieren. Die Eier, das Reismehl, das Backpulver und das Salz sowie die fein geschnittenen Frühlingszwiebeln dazugeben und alles verrühren.

2. Den Maisteig zu kleinen Talern formen und bei mittlerer Hitze in einer Pfanne mit Pflanzenöl braten. Mit Sambal Matah anrichten.

Nasi Campur

Diesen »gemischten Reis«, eine Zusammenstellung verschiedener Speisen, findet man in Warungs auf der ganzen Insel – immer etwas anders und immer gut.

Für 10 Personen | Zubereitungszeit ca. 2,5 abwechslungsreiche Stunden

RENDANG

4 Schalotten
2 Knoblauchzehen
1 große rote Chilischote
1 haselnussgroßes Stück Kurkuma
1 halbdaumengroßes Stück Ingwer
2 Stängel Zitronengras
6 Kaffir-Limettenblätter
2 Salam- oder Lorbeerblätter
½ TL Kreuzkümmelsamen
¼ TL Koriandersaat
800 g Rindfleisch zum Schmoren (z. B. Kamm, Schulter oder Oberschale)
3 EL Pflanzenöl, z. B. Kokosöl
Meersalz
1 l Brühe
500 ml Kokosmilch
1 Bio-Limette

SATE AYAM

1 kg Hühnchenbrust
½ Rezept Bumbu Sate Lilit, siehe Bumbu Basics (Seite 92 f.)
20 Stängel Zitronengras
Meersalz
Evtl. 1 EL Pflanzenöl, z. B. Kokosöl

BITTER GOURD

600 g Bittermelone
Meersalz
2 EL Pflanzenöl, z. B. Kokosöl
2 EL Bumbu Merah (siehe Bumbu Basics, Seite 92 f.)

TEMPEH MANIS

400 g Tempeh
1 EL Pflanzenöl, z. B. Kokosöl
1 kräftige Prise Meersalz
1 EL Bumbu Merah (siehe Bumbu Basics Seite 92 f.)
2 EL balinesischer Palmzucker (Gula Merah)
2 EL Ketjap Manis

KANGKUNG PLECING

500 g Kangkung (Wasserspinat) oder Spinat
1 große rote Chilischote
1 EL Pflanzenöl, z. B. Kokosöl
2 EL Bumbu Merah (siehe Bumbu Basics Seite 92 f.)
Meersalz

Außerdem

800 g Langkornreis
Meersalz
300 g Krupuk (Cracker)
2 Rezepte Sambal Uleg (siehe Sambal School Seite 38 f.)

1. Für das Rendang Schalotten, Knoblauch, Chilischote, Kurkuma, Ingwer und Zitronengras abziehen bzw. putzen, alles hacken. Zusammen mit den Blättern und den Gewürzen in einem Mörser zu einer Paste verreiben.
Das Fleisch in ca. 2,5 cm große Stücke schneiden. Das Öl in einem Bräter auf hohe Hitze bringen, das Fleisch salzen und in den Bräter geben. Ca. 2 Minuten kräftig anbraten. Die Würzpaste hinzufügen und alles weitere 2 Minuten anrösten. Die Brühe und die Kokosmilch hinzufügen und alles für ca. 1 Stunde sanft köcheln lassen, bis das Fleisch zart und die Sauce eingekocht ist. Mit Meersalz und Limettenabrieb und -saft abschmecken.

2. Für die Sate-Spieße das Hühnerfleisch putzen und von möglichen Sehnen befreien. In 20 lange Streifen schneiden, diese mit der Bumbu vermengen, kalt stellen und mindestens 1 Stunde durchziehen lassen. Das Zitronengras putzen, an beiden Enden schräg abschneiden und das Fleisch daraufspießen. Die Spieße salzen und entweder grillen oder mit etwas Öl in einer Pfanne von allen Seiten braten.

3. Die Bittermelone waschen, längs halbieren, die Kerne entfernen und in ca. 1 cm große Stücke schneiden. Diese kräftig salzen, 15 Minuten stehen lassen, abspülen und trocken tupfen. In einer Pfanne bei mittlerer Hitze die Bittermelonenstücke im Öl zusammen mit dem Bumbu Merah anbraten. 5 Esslöffel Wasser hinzufügen, alles in ca. 5 Minuten gar köcheln.

4. Das Tempeh längs halbieren und in ca. 5 mm dicke Scheiben schneiden. In einer Pfanne bei mittlerer Hitze im Öl für ca. 1 Minute anbraten. Meersalz, Bumbu Merah und Zucker hinzufügen und für zwei weitere Minuten braten. Den Ketjap Manis hinzufügen, kurz köcheln lassen und dann vom Herd nehmen.

5. Kangkung oder Spinat putzen und von groben Stielen befreien. Die Chilischote putzen und in dünne Ringe schneiden. In einer Pfanne bei mittlerer Hitze beides mit der Bumbu Merah 2–3 Minuten anbraten, bis das Gemüse gegart und noch bissfest ist. Salzen.

6. Für den Reis 1,6 l Wasser in einem kleinen Topf zum Köcheln bringen. Den Reis unter fließendem kalten Wasser abwaschen. Das Meersalz und den Reis in den Topf geben, durchrühren und mit geschlossenem Deckel bei kleinster Stufe in ca. 15 Minuten gar kochen.

7. Den Reis mit den verschiedenen Speisen, dem Sambal Uleg und dem Krupuk anrichten.

Jamu

Für 4 Personen | Zubereitungszeit ca. 15 Minuten plus Zeit zum Abkühlen

1 daumengroßes Stück Kurkuma
2 daumengroße Stücke Ingwer
100 g Tamarinde oder 80 g Tamarindenpaste
80 g Palmzucker (Gula Merah)
Saft von 4 Limetten oder 8 Kalamansi

1. Den Kurkuma mit dem Ingwer, der Tamarinde und dem Palmzucker mörsern und anschließend mit 800 ml Wasser verrühren oder zusammen mit dem Wasser mixen.

2. Alles vorsichtig zusammen erhitzen. Runterkühlen, ggf. durch ein Sieb passieren, mit dem Zitrussaft abschmecken und anschließend servieren.

Tipp: An kalten Tagen schmeckt und stärkt Jamu auch als heißes Getränk.

PAN

TAI

PANTAI

Magie des Meeres

Der Strand, der Seafood-Markt und die Meeresgötter

Balinesen pflegen eine besondere Beziehung zum Meer, und diese ist nicht wie in vielen anderen Inselnationen geprägt von Abenteuerlust, Aufbruch und Fernweh. Ganz im Gegenteil fällt es vielen Insulanern hier schwer, ihre Heimat lange zu verlassen. Fragt man rum, so hat kaum jemand weitere Reisen als vielleicht einmal eine auf die Nachbarinseln gemacht, und kaum einer hadert damit – wenn man die wunderschöne Insel und den festen gesellschaftlichen Zusammenhalt einmal erlebt hat, verwundert dies kaum noch.

In der spirituellen Welt Balis spielen Wasser und das Meer eine große Rolle – Agama Tirtha, die Religion des heiligen Wassers, ist eine Bezeichnung für die Spiritualität auf der Insel. Zwar wird das Meer dadurch als die größte Quelle des Lebens gesehen, mit seinem Reichtum an Fischen als versorgendes Element wahrgenommen und auch als ein Ort der Heilung, Freude und Erholung geschätzt. Doch das Meer, das kelod, also weit vom Gunung Agung, dem Mittelpunkt der Insel, entfernt ist, ist auch ein Ort der Unsicherheit und der Gefahr. Gottheiten, wie Dewa Baruna, der Herrscher der Meere, der für Freiheit, Ruhe und Kraft steht, aber auch Dewa Rudra, der für Stürme und Unglück im Meer verantwortlich ist, und diverse Dämonen wohnen hier. Vielleicht erklärt dies, warum viele Balinesen dem Meer eher mit Vorsicht als mit Sehnsucht begegnen.

GÖTTER

Die Götter residieren auf dem Vulkan Gunung Agung und entstammen meist dem hinduistischen Pantheon. Die Götter Dewa Brahma, Dewa Vishnu/Wisnu und Dewa Shiva/Siwa – das Zusammenspiel der »drei Gestalten« (Trimurti) –, sind die Manifestationen des höchsten Gottes Sanghyang Widhi Wasa oder Acintya, der alles erschaffen hat.

Brahma ist der Schöpfer der Erde und des Universums. Er wird meist als vierköpfiger Gott dargestellt, und ihm wird die Farbe Rot zugeordnet.

Vishnu oder Wisnu ist der Gott der Erhaltung, er schützt das Leben und die Lebenden. Schwarz ist seine Farbe. Er reitet auf Garuda, einem Wesen, halb Mensch, halb Adler. Er ist als Rama, Krishna und Buddha reinkarniert bereits auf die Erde gekommen, um den Menschen zu helfen. Auf Bali ist er auch der Gott des Regens.

Shiva wiederum schließt den Lebenszyklus und bringt alles zurück zum ursprünglichen Anfang, reinigt die Welt von allem Bösen und zerstört sie. Shiva, zu dem die Farbe Weiß gehört, wird oft auf einem Bullen reitend dargestellt. Shiva hat auf Bali verschiedene Erscheinungen: als Maha Dewa ist er der Gott des Vulkans Gunung Agung und entscheidet über dessen Kraft, als Kala ist er der Gott des Todes, als Bahatara Guru der große Lehrer und als Surya der Sonnengott.

Neben diesen Hauptgöttern gibt es viele weitere Götter, wie die Dewi Saraswati, die Frau von Brahma, Göttin der Weisheit, die besonders in den balinesischen Schulen geehrt wird und ihren eigenen Feiertag hat. Dewi Sri ist die Frau von Vishnu und Göttin von Fruchtbarkeit und Reis, so wie Dewi Lakshmi, ebenfalls Gefährtin von Vishnu, die für Freude, Glück und Wohlstand steht. Dewi Parwati, auch Ibu Pertiwi oder auch Uma genannt, die Frau von Shiva, ist die Muttergöttin, die für Fruchtbarkeit und Versorgung steht. Parwati hat verschiedene Manifestationen. Als Dewi Duna ist sie die Göttin der Seen und Flüsse auf der Insel und als Dewi Durga die Göttin des Todes und Bewacherin der letzten Ruhestätten.

Dewa Ganesha, der Sohn von Parwati und Shiva, hat seinen Elefantenkopf nach der Enthauptung durch seinen Vater erhalten, als dieser in die Gemächer der Dewi eindringen wollte. Ganesha wird besonders verehrt; seine Statuen schützen Häuser und Tempel überall auf der Insel. Auch für mich ist er ein besonderes Symbol des Schutzes, der Weisheit und der Überwindung von Hindernissen.

Bhoma, ein weiterer Spross von Shiva und Parwati, bewacht Häuser und Tempel und hält Böses fern. Er manifestiert sich in allen Pflanzen und wird oft mit einer Blumenkrone geschmückt dargestellt.

Und damit ist noch nicht Schluss: Es gibt weitere Manifestationen dieser Götter sowie verschiedene Gestalten aus den Legenden, die auf Bali und den Nachbarinseln kursieren. Hanuman, Suvarchala, Gajamina und Co. begegnen einem auf Schritt und Tritt.

Ritual am Meer

Das Meer ist die Heimat von Kasakten, einer mystischen, magischen Energie, die in vielen Bereichen der Natur zu finden ist. Diese Energie ist nicht für jeden zugänglich, doch mit der Hilfe von Priestern, durch Gebete, Opfergaben und das Baden im Meer kann man sich ihr annähern. Das Meer ist ein Ort des Anfangs und des Endes, ein Ort der Reinigung und des Neuanfangs und ein Ort wichtiger Zeremonien.
Unser Weg führt uns an den Strand am südlichsten Zipfel Sanurs, dort, wo auch das größte Drachenfestival der Insel stattfindet. Wir haben gehört, dass dort heute eine Zeremonie zu Ehren der Götter des Meeres stattfinden soll – es könnte kaum spannender klingen.

Am Strand angekommen sehen wir lauter strahlend-weiße und quietschgelbe Tupfer. Auf dem Sand, auf ausgebreiteten Bastmatten sitzen Frauen und Männer festlich weiß gekleidet mit gelben Tüchern (Selendang) um die Körpermitte. Nur ein paar bunte Sarongs durchbrechen das weiß-gelbe Muster. Hinter den Zeremonienteilnehmern liegen große aufgeblasene Badeenten und -schwäne am Strand, wo sie auf potenzielle Käufer warten – ein surreales und sehr schönes Bild. Zudem ist ein kleiner Schrein aufgebaut und durch weiße Pavillons vor der gleißenden Sonne geschützt. Hier sitzt auf einer Empore ein Priester, ebenfalls rein weiß gekleidet und mit fast ebenso weißen Haaren. Während einige noch mit ihren Handys beschäftigt sind und andere schon die mitgebrachten Snacks vernaschen, beginnt der offizielle Teil der Zeremonie. Der Priester verfällt in einen Singsang, begleitet von dem hohen Klingelton seiner Genta-Glocke. Ich sitze brav und so unauffällig, wie es für eine Buleh möglich ist, leicht abseits und beobachte fasziniert die Menge und das Geschehen. Vivi hat sich langsam in Fotoposition gebracht und hält die Gesichter der wartenden, ratschenden und naschenden Leute fest. Als die Priester dann Richtung Wasser gehen, folgt Vivi ihnen schnell und mutig. Noch habe ich nicht ganz verstanden, welche Art von Zeremonie hier abgehalten wird. Melasti, das größte Meeresritual, kann es wahrlich nicht sein: falscher Tag, falscher Ort, zu wenige Menschen. Ich entdecke, dass die Priester eine rote Kokosnuss zum Wasser getragen haben – vielleicht ist darin die Asche eines Verstorbenen, die nun an den Ort ihres Ursprungs zurückgebracht wird. Wenn dem so ist, dann ist dies die einzige Manifestierung des Todes hier, denn das Huhn, das die Priester ebenfalls zum Wasser gebracht haben, wird entgegen meiner Befürchtung nicht geopfert, sondern darf weiterleben und entschwindet dementsprechend hastig. Schnell kommen nun auch viele der anderen Zeremoniebesucher zum Wasser – Vivi möchte ihre Foto-Pole-Position behalten und läuft rückwärts, immer

weiter ins Wasser hinein, um die besten Bilder zu machen – Vivi ist echt krass cool. Nun sind fast alle Menschen über den Strand und bis ins Wasser verteilt, bringen ihre Opfer dar, berühren den feuchten Strand, machen Selfies und ziehen sich dann langsam zurück ins Inselinnere – Kaja.

Welch Glück wir wieder hatten, diese besonderen Momente mitzuerleben und so nah dabei zu sein - um welche Zeremonie es sich genau gehandelt hat, bleibt für uns ein schönes Mysterium, wie so vieles auf dieser magischen Insel. Bevor auch wir den Strand verlassen, stärken wir uns noch kurz an einem der kleinen Mini-Warungs auf dem Pfad zurück zum Parkplatz. Einmal Rujak pedas, eine Portion Sate-Spieße und zwei Kokosnüsse – super Erfrischung nach all dem Sand. Auf dem Weg zum Auto treffen wir einen netten Herren an seinem Mini-Pick-up. Er

lächelt uns an und begrüßt uns mit einem herzlichen »Selamat pagi«. Wir lächeln zurück, und unsere Blicke bleiben an seinen bunten Armen hängen ... Sein rechter Unterarm wird von einem beeindruckenden Bild geziert: halb Fisch, halb Elefant mit Stoßzähnen und Flossen in kräftigem Rot. Wir fragen, was das für ein tolles Tattoo sei. »Das ist Gajah Mina, das Vehikel des Gottes der Meere!«, sagt der Herr stolz und stellt sich vor: Er sei Captain Nick und früher zum Fischen zur See gefahren. Er liebe das Meer, aber man müsse Respekt haben vor diesem intensiven Element. Als Erinnerung und als Beschützer hat er sich dieses mysteriöse und doch beruhigend wirkende Wesen in die Haut stechen lassen. Während Captain Nick breit grinsend und ungefragt sein Shirt auszieht, um uns stolz all die tintenmanifestierten Zeitzeugen auf seinem Oberkörper zu zeigen, nimmt eine wilde meeresverliebte Idee in meinem Kopf Gestalt an.

Jimbaran Fish Market

Ich mag das Meer. Ich wurde in einer Hafenstadt geboren, habe lange Zeit jeden Sommer meiner Kindheit am Strand verbracht. Das Meer ist etwas, was ich nicht direkt vermisse, was mir aber schon so eine Art Zufriedenheit und Grundruhe einflößt, sobald ich in seiner Nähe bin. Auf Spanisch ist la mar, das Meer, weiblich – ein passendes Bild, wie ich finde.

Auf Bali ist Sagara, das Meer, wild, stürmisch, dunkel und tief. Besser gesagt, es ist ja der Ozean, da, wo böse Götter leben, es ist »weg-vom-Vulkan«, da, wo die Insel aufhört und für viele Balinesen somit auch alles, was sie kennen und je gesehen haben. Trotzdem gibt es viele Balinesen, die sich in die Wellen trauen, auf erstaunlich leichten, fast wackeligen Booten, um zu fischen. Der Jimbaran Fish Market steht heute auf dem Plan, der Uber-Fahrer weiß sofort Bescheid und tuckert uns zügig hin.

Wieder einmal ist es zum Schreien heiß, wir – mittlerweile auch in Gummiflipflops, der lokalen Mode angepasst – schlendern auf der staubigen Straße die letzten Meter zum Strand, mein Hals brennt von irgendwas Sauscharfem, was mir Antje wieder mal ohne Vorwarnung zum Essen zugeschubst hat. Es gibt Momente, da freue ich mich wirklich sehr auf mein erstes Müsli, wenn ich wieder zurück in Deutschland bin.

Wenn man auf Bali ein Bad in der Menschenmenge nehmen möchte, dann geht man auf den Fischmarkt, das ist sofort klar. Was weniger klar ist: was diese ganzen Leute hier machen. Zwischen dem Strand, wo die Boote mit dem Fang ankommen, und der Markthalle tummeln sich unglaublich viele Balinesen, manche stehen einfach rum, andere haben einen Block in der Hand und notieren etwas, viele tragen Styroporschachteln auf dem Kopf oder zu zweit riesige Körbe mit Fischen darin, die sie auf einem Bambusstab aufgehängt haben und jeweils ein Ende davon anpacken. Von diesen vierbeinigen Fischtransporten sehen wir gleich mehrere, alle wirken, als seien die Körbe ganz schön schwer. Sie laufen zu einer großen Waage, wo gleich eine ganze Jury aufmerksam prüft und verkündet, wie die Ausbeute ausfiel. An der Waage ist der Wechsel schnell, zwei schnaufende Männer kommen an, wuchten den Korb oder die Plastikwanne auf die Schale, der Zug auf ihren Schultern lässt nach, sie schnaufen und erholen sich kurz. Hopp, schon ist abgelesen, eingetragen, der Nächste, bitte. Wohin die Fische danach gehen, verstehe ich erst mal nicht.

Ein paar Meter weiter weg ist ein riesiger Parkplatz voller Fahrzeuge. Von vielen werden kistenweise Fisch und Meerestiere ausgeladen, es stehen auch viele Mopeds herum, so mancher Fischer verkauft seinen Fang einfach dort, vom Gepäckträger herunter. Drei, vier, fünf Fischlein flutschen, nackig wie sie sind, in eine dünne Plastiktüte, werden zügig am Boden auf einer kleinen Waage abgelegt, bunte Geldbündel flattern von einer Hand in die andere.

Ein Junge mit Käppi und frechem Grinsen fällt mir auf, er muss um die sechzehn, siebzehn sein, kauert auf der Ladefläche eines Jeeps und lädt riesige Fische aus. Teilweise baumeln sie fast bis zu seinen Füßen, so groß sind sie, und trotzdem kriegt er sie mit seinen dünnen Ärmchen locker heruntergehievt. Zwei Männer, deutlich stattlicher als er, stehen unten und nehmen ihm den Fang ab – es sind gelbflossige Thunfische.

Ich habe noch nie zuvor solche Thunfische im Ganzen gesehen, die Flossen sind wirklich knallgelb, sie tropfen, wenn der Junge sie aus der gekühlten Wanne zieht. Die Männer stellen sie zuerst auf eine rudimentäre Waage und legen sie dann in Kisten und Körbe, den Kopf nach unten, die perfekt geschwungene Schwanzflosse in die Sonne gestreckt. Ich bleibe wie hypnotisiert bestimmt eine halbe Stunde da stehen, schaue durch den Kamerasucher zu (manchmal dauert es eben seine Zeit, aber hier – denke ich mir – gibt es bestimmt ein gutes Bild!) Der Junge auf dem Jeep grinst schon, die beiden anderen schauen nur ungläubig, dass ich immer noch da stehe mit meiner Kamera, ich bin einfach fasziniert – von den Fischen, wie wunderschön sie sind, der Kraft, die alle drei da unermüdlich aufwenden, der Menge an Tieren, die auf so eine Jeep-Ladefläche passen. Dass es auf unsere Köpfe herunterbrennt wie im Backofen, hab ich dabei schon längst vergessen.

100
10
20
30
40
50
60
70
80
90

Antjes Finger auf meiner Schulter tippt mich wieder in die Realität zurück: »Kuck mal, da drüben werden Quallen ausgeladen!« Es blitzt jedes Mal in unsere Richtung, wenn die Sonnenstrahlen auf die glibbernden Quallen treffen. Werden die gekocht? Gegessen? Irgendwie anders verwertet? Das bleibt mir bis heute ein Rätsel. »Ich geh mal in die Markthalle«, verkündet sie. Ich hänge noch ein bisschen bei den Thunfischjungs ab, ernte noch ein paar grinsende Kopfschüttler, und folge ihr dann.

Der plötzliche Wechsel ins kühle Halbdunkel der Halle tut den Augen gut.

Hier wuselt es nicht weniger, aber irgendwie geordneter als draußen. Die Halle ist in drei Reihen unterteilt, jeder Fischer hat eine Art Station, ähnlich einem Stand, wo er – oder seine Frau, Tochter, Schwester – seine Ausbeute in großen aufgestapelten Styroporkisten anbietet. Noch ein weiteres Mal staune ich über einen Mann, der direkt vor mir eine große Wanne voll kleiner Fische auf seinen Kopf wuchtet, schlängle mich geschwind an ihm vorbei und bleibe auch schon vor der ersten Kiste stehen.

Noch nie zuvor habe ich eine solche Vielfalt an Farben und Mustern gesehen. Es ist, als hätte man ein Tropen-Aquarium in die Kiste geschüttet – strahlendes Rot, giftiges Zitronengelb, schimmerndes Türkis, sattes Lila; alles wechselt sich in Streifen, Flecken und leopardenartigen Mustern auf den glitzernden Schuppen ab.

Ein paar Meter weiter dann fünf Jungs, jeder an seiner Station, die sich gerade durch Berge frisch gefangener Fische arbeiten. Mit großen Kratzbürsten werden die Fische gesäubert, die silbrigen Schuppen wirbeln in der Luft herum und legen sich wie Strasssteinchen auf ihre Haut.

Voll erwischt

Hinter ihnen, auf einem Mäuerchen hockend, erspähe ich Antje mit einem leeren Teller in den Händen (was denn sonst?). Sie hat den einzigen, winzigen Essensstand in der Markthalle gefunden: Hier steht eine kleine Frau vor einem Aluminiumkessel, der ihr bis zum Bauchnabel reicht. Aus dem blubbernden Fett fischt sie kleine runde Küchlein aus runzeligem Teig. Seltsam, gerade noch war Antje fröhlich und begeistert, jetzt ist ihr Blick irgendwie getrübt, immer noch freudig, aber auch mitgenommen und irgendwie gerührt. »Was ist passiert?«, frage ich, während ich über das Schuppenschlachtfeld am Boden zu ihr balanciere.

»Oooooh, dieses Essen!« Sie hat tatsächlich Tränen in den Augen.

Emotionale Offenbarung durch Essen – das ist mir in der Form tatsächlich noch nie passiert ... Aber ich denke kurz nach, ob ich trotzdem treffende Worte finde. Ja, dann lass uns doch diese frittierten Küchlein mit ins Buch packen, oder? Das ist doch ein guter Weg, sie mit heimzunehmen. Wir sind uns einig, Antje gibt ihren Teller wieder bei der Dame ab, wir steuern auf die Eisschneidestation zu. Das ist ganz typisch für hier, dass man so große Stücke aus einem fetten Eisblock abschneidet, um das Eis zu verteilen und damit dann die Fischbecken zu kühlen, erklärt mir Antje. Zwei Jungs, die genauso wie mein Thunfischfreund schwer nach Schulalter aussehen, stehen in einer Ecke an einem großen Sägeblatt und säbeln einen dicken Eisstift vom Hauptblock ab. Kichern und blödeln, als sie uns ankommen sehen. Gleichzeitig setzen wir beide an, ich mit der Kamera, einer von ihnen schultert gleich den Eisblock – da verzerrt er schon sein Gesicht in einer Schmerzgrimasse, als würde er unter dem Gewicht gerade noch stehen können und die Todeskälte an der Hand kaum aushalten. Heftiger Job, denke ich mir und drücke ab. Lautes Gelächter. Ist natürlich nur geschauspielert, für uns weiße Tourimädels ... und für die Kamera.

Zurück hinaus. Blendendes Licht, heftiges Knattern und Brummen von Autos und Mofas. Wir laufen in Richtung Strand, den vierfüßigen Fischkörben entgegen. Hohe Wellen, am ganzen Strand entlang liegen Boote und warten auf die richtige Welle, um ins Meer zu setzen, gleichzeitig kommen andere zurück und tragen die Beute der Nacht an Land.

NY
nixon

Die Fischer tragen schwere, klitschnasse Klamotten, teilweise Neoprenanzüge mit Kopfteil, teilweise aber auch Langarmshirts und Hoodies mit aufgezogener Kapuze zu langen Trainingshosen. Es scheint wirklich etwas zu geben, weswegen die Balinesen nicht gern mit dem Wasser in Berührung kommen. Dann sehe ich es vor Augen – das Bild! Zwei Männer tragen einen dicken blauen Plastikkübel, randvoll mit Fischen, aus dem Wasser, die Wellen sind gerade besonders hoch, sie schreiten nur schwer und taumelnd aufs Land zu. Wenn ich noch etwas warte, sind sie gleich vor mir, wenn ich etwas in die Hocke gehe und das Bild von unten schieße, sieht man in ihre Gesichter ...

»Welleeeeeee!«, kreischt Antje. Zu spät. Die nächste hohe Welle erwischt mich voll, reißt mir den Sand unter den Füßen weg, zerrt mich ins Wasser, und ich schaffe es gerade noch so, die Kamera in die Luft zu halten und mich wieder hochzuplanschen. Ganz schöner Sog da, wer hätte das gedacht. Meer ist nicht gleich Ozean. Antje nimmt mir die Kamera ab und prüft, ob sie trocken ist, die zwei bepackten Fischer taumeln lachend an uns vorbei, wir lachen mit ihnen und gehen wieder in Richtung Sand.

»Ich glaube, die Götter haben nicht mehr so Bock drauf, dass wir hier rumtingeln«, sage ich, während ich die weiten Beine meiner nassen Shorts stückchenweise auswringe. Aber zumindest ist es ein Momentchen lang nicht mehr ganz so heiß. Wir kaufen noch ein paar ausgebackene Dinge, die nach Fisch riechen, und fahren dann weg.

Am Abend, nach einer guten Dusche, erschöpft, aber zufrieden, schlendern wir noch an unserem Hausstrand in Sanur entlang, um uns eine Kokosnuss zu holen. Es ist schon dunkel und menschenleer, das Meer rauscht nur noch sanft murmelnd. Keine hohen Wellen diesmal, kein mitreißender Seegang, stattdessen unzählige, winzige glitzernde Partikelchen, die auf den Strand geschwemmt werden und sich an unsere nackten Füße heften. Biolumineszenz!

Dann war es für die Götter ja vielleicht doch ganz okay, dass wir da waren.

EXTREME

R PASAR ADAT
DAT KEDONGANAN

ONFIRE

MEERESFRÜCHTE

Das Meer ist eine Quelle des Lebens – so isst man auf Bali auch viel mehr Fisch als der Durchschnitt der Welt. Dies erscheint bei dem Blick auf eine Inselwelt nicht ungewöhnlich, mit dem Blick auf die spirituelle und ambivalente Bedeutung des Meeres für die Balinesen aber doch besonders. So ist der Fischfang lebenserhaltende und versorgende Arbeit und zugleich ein großes Risiko und ein Spiel mit den unkontrollierbaren Mächten. Gut nachzuvollziehen ist es daher, mit wie viel Anspannung, Erleichterung und letztlich Freude die Rückkehr der kleinen Fischerboote jeden Tag begleitet wird. Die Schätze, die das Meer offenbart, sind eine Manifestierung der Schönheit und des Mysteriums, des Wunders der Natur. Der Besuch eines Fischmarktes ist wie das Blättern durch ein Bilderbuch bunter Fische und Meerestiere, der einen gleichzeitig staunend und ein wenig bedrückt zurücklässt: bedrückt darüber, dass diese Tiere gestorben sind, um als Nahrung zu dienen. Zu wissen, dass zum einen nach dem Tri-Hita-Karana-Prinzip, der balinesischen Nachhaltigkeit, gehandelt wird und dass die balinesischen Fischer mit ihren kleinen Booten küstennah und schonend fangen, beruhigt. Auch die Zubereitung der Tiere beispielsweise direkt vor Ort mit dem Jimbaran Style-BBQ (Ikan Bakar) und die Verwertung des ganzen Fisches (wie beim Fish Head Curry) sowie die Haltbarmachung und Weiterverarbeitung zu Fischsaucen, Garnelenpasten und Crackern sprechen für den respektvollen Umgang der Insulanern mit den Geschenken der Natur.

Jimbaran Style BBQ

Jimbaran ist der wichtigste Fischereiort der Insel. Von hier stammt das bekannt BBQ, bei dem verschiedene Fische und Meeresfrüchte über Kokosnussschalen gegrillt werden.

Für 4 seafoodbegeisterte Personen | Zubereitungszeit ca. 60 Minuten

4 Fische à ca. 300–400 g (kleine Snapper, Doraden, Meerbarben, kleine Makrelen oder kleine Wolfsbarsche)
600 g Tintenfisch und Garnelen, gemischt
100 g Bumbu Basa Gede (siehe Bumbu Basics, Seite 92 f.)
100 ml Pflanzenöl
2 Limetten
1 Prise Meersalz
1 Rezept Sambal Matah (siehe Sambal School, Seite 38 f.)

1. Die Fische ausnehmen, schuppen, ggf. die Flossen abschneiden, von innen und außen gut abspülen. Das Fleisch an den Seiten leicht einschneiden. Die Tintenfische gegebenenfalls ausnehmen, dazu die Innereien und den innenliegenden Schulp herausziehen, aus- und abspülen. Die Garnelen ebenfalls abspülen. Wer mag, kann den Darm entfernen, indem kurz vor dem Schwanzsegment ein kleiner Schnitt durch den Panzer gemacht und der Darm vorsichtig, beispielsweise mit einem Zahnstocher, herausgezogen wird. Alle Fische und Meeresfrüchte trocken tupfen.

2. Die Basa Gede mit dem Öl vermengen, den Fisch und die Meeresfrüchte damit einreiben, kühl stellen. Nun den Grill einheizen; wenn Sie Kokoskohle oder Kokosschalen auftreiben können, gern damit, ansonsten tut es auch konventionelle Holzkohle. Die Limetten waschen und klein schneiden.

3. Die Fische auf den Grill geben und von jeder Seite ca. 4 Minuten grillen. Dann die anderen Meeresfrüchte auf den Grill geben. Alles zusammen noch 2 Minuten grillen, anschließend mit dem Salz würzen. Den Fisch und die Meeresfrüchte mit den Limetten und dem Sambal Matah servieren.

Otak Otak

Für diese kleinen Päckchen lassen sich viele verschiedene Sorten Fisch und Meeresfrüchte nutzen.

Für 4 Personen | Zubereitungszeit ca. 60 Minuten

1 Knoblauchzehe
2 Schalotten
2 cm frische Kurkuma
1 kleine rote Chilischote
2 Stängel Zitronengras
2 Kaffir-Limettenblätter
500 g Fischfilet ohne Haut und Gräten
½ TL Meersalz
1 Eiweiß (oder 15 g geschroteter Leinsamen, in 40 ml kaltem Wasser aufgequollen und püriert)
50 g Stärke (Tapioka oder Mais)
80 ml Kokosmilch
1 großes Bananenblatt
1 Rezept Sambal Jeruk oder Sambal Kacang *(siehe Sambal School, Seite 38 f.)*

1. Knoblauch und Schalotten abziehen, Kurkuma, Chilischote, Zitronengras und Kaffir-Limettenblätter putzen. Alles hacken und im Mörser zerstoßen. Den Fisch abspülen, trocken tupfen und ebenfalls hacken. Die Würzzutaten, Salz, Eiweiß, Stärke und Kokosmilch dazugeben. Mit den Händen zu einer homogenen Masse verarbeiten.

2. Den Grill einheizen.

3. Die Blattader vom Bananenblatt entfernen und das Blatt in 16 Stücke à 20 mal 20 cm schneiden. Die Blätter abspülen, trocken tupfen und über die Flamme des Grills halten, um sie geschmeidig zu machen. Die Füllung auf die Innenseite der Blätter verteilen, einrollen und die Enden mit Zahnstochern verschließen.

4. Die Päckchen für ca. 4 Minuten von jeder Seite grillen, dabei ein paar Mal umdrehen. Die Päckchen leicht öffnen und mit dem Sambal servieren.

Fish Head Curry

Am Strand von Sanur, ganz am Ende Richtung Vulkan, im Warung Mak Beng, gibt es dieses köstliche Fischgericht, eher eine Suppe als ein Curry – wunderbar!

Für 4 Personen | Zubereitungszeit ca. 80 Minuten

2 kg ganzer Fisch (1 oder 2 Fische, z. B. Seebarsch, Bonito oder auch Meerbrassen)
Öl zum Braten, z. B. Kokosöl
1 Rezept Bumbu Mak Beng (siehe Bumbu Basics, Seite 92 f.)
1,5 l Fischbrühe oder Gemüsebrühe
2 TL Meersalz
2 EL Tamarindenpaste
1 Salatgurke
Meersalz
1 Kaffir-Limettenblatt
200 g weißer Reis
2 Limetten oder Kalamansi
1 Rezept Sambal Terasi (siehe Sambal School, Seite 38 f.)

1. Die Fisch ggf. ausnehmen, die Kiemen mit einer Schere herausschneiden. Den Fisch schuppen, abspülen, trocken tupfen und quer in Stücke schneiden. Dafür zunächst den Kopf abschneiden, dann ca. 2,5 cm dicke Scheiben bis zum Beginn des Schwanzes schneiden. Diese Koteletts beiseitelegen und kühl stellen.

2. In einem großen Topf auf mittelhoher Hitze in 2 Esslöffel Öl die Bumbu anrösten. Den Fischkopf und das Schwanzstück etwa 3 Minuten mit anrösten. Anschließend die Brühe, das Salz und die Tamarindenpaste hinzufügen und alles ca. 40 Minuten sanft köcheln lassen.

3. In der Zwischenzeit die Salatgurke schälen, in ca. 1 cm dicke Scheiben schneiden und in das Curry geben.

4. 400 ml Wasser in einem kleinen Topf zum Köcheln bringen. Etwas Meersalz, das Kaffir-Limettenblatt und den Reis hinzufügen und mit geschlossenem Deckel bei kleinster Stufe in ca. 15 Minuten gar kochen.

5. Die rohen Fischkoteletts mit Meersalz würzen und in einer heißen Pfanne mit ca. 3 Esslöffel Öl von allen Seiten in ca. 4 Minuten goldbraun braten. Die Limetten oder Kalamansi waschen und in Stücke schneiden. Das Fish Head Curry mit den Fischkoteletts servieren. Den Reis, die Zitrusfrüchte und das Sambal dazugeben.

Nasi Ikan

Ein Gericht wie eine erfrischend scharfe Insel mitten im quirligen Fischmarkt von Jimbaran.

Für 4 Personen | Zubereitungszeit ca. 45 Minuten

600 g Makrelen oder Sardinen oder 400 g Fischfilet (z.B. Snapper, Wolfsbarsch oder auch Saibling oder Forelle)
200 g Tintenfisch
1 Rezept Bumbu Merah (siehe Bumbu Basics, Seite 92 f.)
200 g weißer Reis
Meersalz

200 g Reismehl
1 TL Koriandersaat, gestoßen
2 EL Fischsauce
200 ml Eiswasser
2 EL getrocknete Shrimps oder getrocknete kleine Fische nach Wunsch
Ca. 100 ml Pflanzenöl zum Ausbacken
1 Rezept Sambal Tomat (siehe Sambal School, Seite 38 f.)

1. Die Fische ggf. ausnehmen und bei Sardinen die Schuppen vorsichtig mit den Fingern abstreifen. Die Fische abspülen, trocken tupfen und filetieren. Die Filets in große Stücke schneiden. Den Tintenfisch putzen, abspülen und ebenfalls schneiden. Alles mit der Bumbu Merah vermengen, kalt stellen. (Der Fisch hält sich so mariniert einen Tag im Kühlschrank. Er kann also auch in etwas größerer Menge für ein weiteres Gericht vorbereitet werden.)

2. 400 ml Wasser in einem kleinen Topf zum Köcheln bringen. Den Reis mit dem Meersalz hineingeben und mit geschlossenem Deckel bei kleinster Stufe in ca. 15 Minuten gar kochen.

3. Für die Cracker alle Zutaten vermengen. Jeweils 1 Esslöffel Öl in der Pfanne erhitzen und 2 Esslöffel Crackerteig hineingeben. So nach und nach knusprige Fischcracker backen.

4. Wenn alle Cracker gebacken sind, den marinierten Fisch mit 2 Esslöffeln Öl in die Pfanne geben, ringsum scharf für ca. 3 Minuten anbraten, mit Salz würzen und zusammen mit dem Reis und den Crackern servieren.

Sate Lilit Ikan

Auf Bali qualmen überall die Grills für Sate, und es duftet wunderbar nach Gewürzen und Kräutern. Fisch grillt man am liebsten über Kokoskohle – Jimbaran-Style.

Für 4 Personen | Zubereitungszeit ca. 40 Minuten plus Marinierzeit

8 Stängel Zitronengras
600 g Fischfilet ohne Haut und Gräten (eher festen Fisch aussuchen: Seelachs, Viktoriaseebarsch, Thunfisch, Gelbschwanzmakrele, Lachs)
1 Rezept Bumbu Sate Lilit Ikan (siehe Bumbu Basics, Seite 92f.)
2 EL Kokosmilch
1 EL Kokosöl
1 EL Kokosraspel
2 EL Pflanzenöl
1 TL Salz
1 Rezept Sambal Matah (siehe Sambal School, Seite 38 f.)

1. Die Zitronengrasstängel abspülen, unten und auf Wunsch auch oben schräg anschneiden und die äußere Schicht entfernen.

2. Das Fischfilet abspülen, abtupfen und fein hacken. Mit dem Bumbu, der Kokosmilch, dem Kokosöl, den Kokosraspeln und dem Salz zu einer glatten Masse verarbeiten. Die Masse in 8 Portionen aufteilen, um die jeweils unteren 10 cm der Zitronengrasstängel legen und fest andrücken. Einen Teller mit Öl bestreichen, die Spieße darauflegen und ebenfalls mit Öl bestreichen. Kalt stellen.

3. Die Sate-Spieße können gegrillt oder in der Pfanne gebraten werden. Im Grill mit Kokoskohle eine sanfte Glut machen und die Spieße ca. 3 Minuten von jeder Seite gar grillen. In der Pfanne die Spieße bei mittlerer Hitze von beiden Seiten ca. 3–4 Minuten braten. Mit dem Sambal Matah servieren.

MELA

ASPAS

MELASPAS

Die Hausweihung

Opfertiere für die Ruhe im Haus,
Wolkenschieber für gutes Wetter

Michael und Fiona sitzen am Küchentisch unter einer grell leuchtenden Designerlampe, draußen ist es schon stockduster, so, wie es hier jeden Abend schlagartig nach dem kurzen Sonnenuntergang wird.

»We are not killing an animal! Not even a duck or a chicken or a pidgeon. Come on, do you really want to have all that blood on the floor? That's so gross!«

Wir sitzen in ihrem Haus in Sanur – wobei Haus ein ziemliches Understatement ist. Fast wie in einem Tempel gehen verschiedene Trakte und separate Mini-Suiten vom begrünten Innenhof ab, mittendrin ein riesiger Billardtisch unter dem Giebel der leichten Bambusüberdachung. Gleich daneben schimmert der beleuchtete Pool in beruhigendem Türkis, und dann ist da ein kleiner Dschungel: Dattelpalmen und Frangipanisträucher, deren heruntergefallene Blüten auf der Wasseroberfläche tanzen. Es kracht. Die Riesenfledermaus, die im Dachgiebel wohnt, hat schon wieder auf den Billardtisch geschissen.

Seufzer von Fiona, Michael bleibt tiefenentspannt.

Wo nun dieses unfassbar schöne Haus steht, war früher ein Tempel. Europäische Architekten bauten dann Michaels Haus daraus, als er noch mit seiner ersten, nun traurigerweise verstorbenen Frau Mira hierherzog. Und wie es eben hier Usus ist, bekommt jedes Haus seinen kleinen Haustempel, wo man täglich den Göttern kleine Gaben opfert.

»Als Außenstehende hatten die Architekten natürlich keine Ahnung, dass die Tempel immer an einem ganz bestimmten Ort stehen müssen«, hatte mir Michael ein paar Tage zuvor schon erklärt.
»Was passiert, wenn der Tempel nicht am richtigen Ort steht?«
»Na ja«, zögert Michael ein bisschen, »bei uns gab es dann halt so gewisse ... Unruhen.«
Ich verstehe nicht.
»Vor allem nachts. Die Hunde haben gebellt wie die Wahnsinnigen. Die Kieselsteine ums Haus haben geknirscht, als würde jemand darauf laufen ... Man hat Stimmen und Gekruschel gehört, als würde jemand an den Tempeln herumfuhrwerken. Man hat mir gesagt, das seien die Geister der Priester, die das nicht gut finden, dass wir da so einen Mist hingebaut haben, wo früher ihr Tempel war. Also

TRI HITA KARANA

Tri Hita Karana, das Zusammenspiel der »drei Gründe des Glücks«, ist ein Konzept, das auf der Erhaltung von Harmonie zwischen den drei wichtigen Elementen des Lebens beruht. Als Erstes die Beziehung des Individuums mit den Göttern, die Parhyangan genannt wird. Dann die Beziehung des Individuums mit anderen Menschen, Pawongan. Und Palemahan, die Beziehung des Individuums mit der Natur. Die Gesamtheit, das Universum, der Ursprung allen Seins, wird Bhuana Agung genannt. Bhuana Alit beschreibt den Menschen als kleine Welt, die aus denselben Elementen wie das große Universum gemacht ist. Die fünf Elemente des Universums sind Erde, Luft, Wasser und Akasa, was so viel wie Äther und Luftraum bedeutet, welches das gesamte Universum durchdringt. Parallel dazu stehen die fünf Sinne des Menschen, und auch der Körper des Menschen mit seinen Organen wird mit dem Universum und seinen Sternen parallelisiert.
Der Mensch ist also Teil des Universums, Teil der Natur. Und der Mensch kann nur im Einklang leben, wenn er die Natur, die Götter und seine Mitmenschen respektiert und für alle drei Säulen Sorge trägt. So wird beispielsweise die Landwirtschaft der Insel nach diesem Prinzip geplant, und auch beim Bau von Wohnhäusern wird nicht nur Platz für die Menschen, sondern auch für die Natur und die Götter geschaffen. Haussegnungen unterstreichen diesen Vorgang. Auch wird bei dem Schlachten und Opfern von Tieren stets dem Tier und der Natur gedankt, und der Tötungsakt wird respektvoll und wertschätzend durchgeführt.

haben wir dann die Haustempel umsetzen lassen und das Haus geweiht. Und dann war für eine Weile Ruhe im Karton. Und trotzdem ist das ganze Thema *house blessing* mit einem Mal Weihen noch lange nicht abgetan.«

Ich nicke höflich verständnisvoll, auch wenn das für mich alles nach ziemlichem Humbug klingt. Trotzdem liege ich die nächsten drei Abende wach und horche nach dem Kies.
»So what are we doing with this house blessing? And how much does the whole thing cost anyway?«, hakt Fiona nach.

Die Sache mit der Hausweihung sieht wie folgt aus:
Um ein *house blessing* zu bestärken, wird in den meisten Fällen ein Tier getötet, dessen Blut lässt man auf den Fußboden des Hauses fließen. Je größer das Tier, desto mehr Blut, desto höher auch – logischerweise – die Aufwandsentschädigung für den Priester und die ganze Houseblessing-Truppe, die dafür anreist.

Größeres Tier bedeutet auch länger anhaltende Wirkung – in diesem Fall ist die Logik, nach der das Ritual abläuft, wirklich unanfechtbar.
Ein Huhn fünf Jahre, eine Katze zehn, ein Hund fünfzehn, dann geht es weiter mit Schwein und noch größeren Tieren.
Kein Tier, kein Blut, weniger Cash für alle Beteiligten, da gilt das Ganze nur zwei Jahre, bevor aufgefrischt werden muss. Nur von Luft und Weihrauch leben die Priester ja nun auch nicht.

Nun gut. Man wird sich einig, dass das *house blessing* stattfindet, ohne Schlachtung, dafür aber natürlich mit Babi Guling und allem Drumherum. Durchführen wird es Pak Sumika, der auch bei M&M für das Catering (siehe Seite 278 ff.) arbeitet. Bei Hochzeiten sieht man ihn dann in festlichem Priestergewand, er ist nämlich auch *cloud pusher* – was bedeutet, dass er den ganzen Abend am Rande der Feiergesellschaft sitzt und mit seiner Energie dafür sorgt, dass sich keine Gewitterwolken nähern.

Das ist eine offizielle Berufsbezeichnung und sehr ernst zu nehmen. Dass Pak Sumika auch immer so aussieht, als hätte er den epischsten Kater aller Zeiten, liegt daran, dass er eben eine so hohe religiöse Position innehat. Und dazu gehören viele, viele schlaflose Nächte im Tempel, schwer zu vereinbaren mit dem Job im Wasserpark.

Der Tag kommt.
Wir machen uns zurecht, in den schönsten feierlichen Kebayas, die wir auftreiben können, in Weiß, mit Spitze und ein paar Rüschen dran (100 Prozent Polyester, eh klar). Im ganzen Haus laufen Leute herum, tragen Opfergabenkörbchen durch die Gegend, ein verziertes Spanferkel auf einer Trage spaziert auch vorbei, Pak Sumika dirigiert an verschiedenen Stellen. Mitten im Rasen neben dem Pool wird eine Opfergabenstätte ausgelegt, die andere wird neben dem Haustempel, entlang der hintersten Hauswand, aufgebaut.

Auf dem Gabentisch liegt eine Vielzahl von Geschenken, ähnlich wie beim *baby grounding:* Etageren mit kleinen Päckchen Cracker und Süßigkeiten, Münzen, Obst, Eier, Blumen, Spieße mit Fleisch und mit Reisdekorationen, wie wir sie bei Ibu Daya gelernt haben, Fächer und Verzierungen aus geflochtenen Palmblättern. Ein mageres gekochtes Hühnchen wurde in die Öffnung einer Tempelsäule gestopft, das Spanferkel glänzt in der Mittagssonne. Ich stelle mir vor, wie es in seinem Inneren wohl aussieht. Wie schnell vermehren sich Keime bei 38 Grad noch mal?

Pak Sumika, von Fuß bis Turban schneeweiß gekleidet, ist bereit für den Hausrundgang. Sein Sohn begleitet ihn und trägt das Zubehör: den Weihrauch, das Glöckchen, ein Gesteck mit gelb-weißen Frangipaniblüten, Gaben, um die verschiedenen kleinen Tempel zu befüllen, die an den Eckpunkten des Hauses angebracht sind.

Sie gehen durch die Zimmer, der Weihrauch zieht seine Schlieren durch die abgedunkelten Räume, in jeden kleinen Tempel wird etwas Neues gelegt, in Antjes Zimmer angekommen sind es Minibananen und Süßigkeiten, womit das kleine Kästchen an der Decke befüllt wird.

Pak Sumika murmelt Gebetsformeln in jedem Raum. Ab und zu kreuzen sich unsere Blicke, aber er sieht durch mich hindurch. Manchmal denke ich, er ist in solchen Momenten wirklich woanders, in einer Trance, irgendwie. Als der Rundgang vorbei ist, gehen wir hinter das Haus, wo der Haupttempel steht und die meisten Opfergaben davor aufgetürmt sind. Das Schwein glänzt immer noch, jetzt kann man es auch schon ein bisschen riechen, wie die krosse Schwarte von der Sonne gewärmt duftet.

Der Priester kehrt uns den Rücken zu und setzt sich auf eine Strohmatte vor den Gabentisch, bei sich hat er immer noch sein treues Zubehörkistchen. Wir setzen uns alle hinter ihn. Es beginnt eine lange Zeit des Murmelns, Glockenläutens, dann erneutes Murmeln, Weihrauchanzünden.

Pak Sumikas Frau schwirrt währenddessen abwechselnd um ihn und uns herum, reicht ihm Sachen, zündet Weihrauchstäbchen an und steckt sie an verschiedenen Stellen am

Gabentisch an. Mit Wasser aus einer türkisen Plastikflasche und Reiskörnern aus einer raschelnden Einwegtüte vollzieht er nun sein *purification ritual*, dann ist jeder von uns der Reihe nach dran. Alle machen mit, auch die Bediensteten, auch Paks Sumikas Frau und Sohn, genauso die Londoner Schulfreundin von Fionas Tochter und deren Mutter, die gerade hier Urlaub machen.

Noch mal Gebetsformeln, die Sumika mit metallischer, monotoner Stimme aufsagt, ein bisschen Glockengebimmel, Wasser wird auf die Gaben gesprenkelt. Fertig.

Recht unzeremoniell stehen alle auf, eines der Hausmädels greift sich das Spanferkel und trägt es in Richtung Küche, ein Kometenschweif von Hunden folgt ihr. Da es ja die Götter nicht essen können, bekommen das jetzt wir. Wundert mich nicht mehr.

Das Fleisch schmeckt herrlich würzig, duftig, aromatisch; mit vielen Beilagen – Lawar, gekochtem Gemüse, Sambal, Reis – drapiert man es auf dem Teller. Wir sitzen alle und essen gemeinsam. Merkwürdig und witzig zugleich, wie einige Teile der Rituale so schleierhaft und mysteriös für uns Außenstehende sind, und doch andere ganz stinknormal, »wie bei uns« eben, ablaufen. Jetzt, hier, am großen Küchentisch sitzen, das fühlt sich genauso heimelig und gewohnt an wie Weihnachtsessen oder ein Osterbrunch. Zusammen essen, Megi Bung, ist bisher immer der gemeinsame Nenner. Gibt es überhaupt irgendwo auf der Welt eine Kultur, in der man zu feierlichen Anlässen nicht gemeinsam isst?

In der Nacht wird es unruhig. Der Gecko, der seit Tagen in Antjes Zimmer herumkraxelt, hat den kleinen Tempel, in dem er sich sonst schlafen legt, befüllt vorgefunden und freut sich über die bunten Snacks.

Antjes Stimme klingt gedämpft zu mir herunter, wie sie den Gecko anraunzt, das geht bestimmt zehn Minuten so, dann ein Schrei: »Stop it!« Ich höre, wie etwas stumpf an der Wand aufdotzt und auf den Boden klatscht. Klang wie ein Gummiflipflop.

Endlich wird es still von oben. Und nun merke ich es – Scharren im Kies. Die Hunde bellen, Wind pfeift ums Haus, die Büsche rascheln.

Gute Nacht, Sanur. Ich glaube, das mit dem Einschlafen wird heute Abend eher schwierig.

Nasi Kuning

Ein Berg aus Gold – dieser duftende Reis ist oft Teil von Zeremonien und traditionellem Essen.

Für 4 Personen | Zubereitungszeit ca. 30 Minuten

1 Rezept Bumbu Kuning (siehe Bumbu Basics, Seite 92 f.)
3 EL Kokosöl
300 g Duftreis
300 g Kokosmilch
1 TL Salz
2 Kaffir-Limettenblätter
Für die Garnitur Salatgurke, Kirschtomaten, Schalotten, Chilischoten, Bananenblätter

1. Die Bumbu mit dem Kokosöl ca. 2 Minuten in einem Topf anschwitzen. Den Reis waschen, abtropfen und zur Bumbu geben. Die Kokosmilch, das Salz, die Limettenblätter und 500 ml Wasser hinzufügen, verrühren und erhitzen. Wenn es zu köcheln beginnt, den Herd auf die kleinste Stufe herunterdrehen, alles gut durchrühren und dann weitere 20 Minuten mit einem Deckel bedeckt und unberührt ziehen lassen. (Alternativ alle Zutaten in einem Reiskocher aufsetzen.)

2. Die Gurke schälen, die Tomaten waschen, beides in Scheiben schneiden. Die Schalotten abziehen und im Ofen oder in der Pfanne rösten. Chilischoten putzen und in Streifen schneiden. Eine passende Platte mit Bananenblättern auslegen, den gegarten Reis in die Form eines »Berges aus Gold« bringen (beispielsweise in eine Schale oder einen Trichter pressen) auf die Platte mit den Bananenblättern stürzen. Mit dem Gemüse garnieren.

Babi Guling

Babi Guling, das balinesische Spanferkel, ist ein Feiertagsessen. Klassisch wird es im Ganzen an einem Spieß über einem Erdloch gegrillt.

Für 8–10 Personen | Zubereitungszeit ca. 30 Minuten plus ca. 1 Tag Marinierzeit und 3,5 Stunden meditative Garzeit

1 Rezept Bumbu Babi Guling (siehe Bumbu Basics, Seite 92 f.)
80 ml Pflanzenöl, z. B. Kokosöl, Rapsöl oder Sonnenblumenöl
1 kleines Spanferkel, ausgenommen ca. 8–10 kg, oder eine Schweineschulter ohne Knochen, ca. 3,5 kg
500 ml Kokoswasser
2 Rezepte Sambal Matah (siehe Sambal School, Seite 38 f.)
2 Rezepte Sayur Urab (siehe Seite 283)

1. In einer Pfanne das Öl erhitzen. Die Bumbu darin für ca. 3 Minuten anrösten, abkühlen lassen.

2. Das Schwein von innen und außen mit der Paste einreiben und an einem kühlen, trockenen Ort ca. 1 Tag ruhen lassen, bis die Schwarte wieder getrocknet ist.

3. Wenn das Schwein mariniert ist, den Grill mit Grillspieß bereit machen. Das Spanferkel auf dem Spieß befestigen und bei mittlerer Hitze für ca. 3,5 Stunden unter Drehen grillen (die Schweineschulter für ca. 2,5 Stunden). Hierbei darauf achten, dass die Hitze das Fleisch gleichmäßig erreicht und es nicht zu schnell verbrennt. Wird die Schulter beispielsweise liegend in einem Kugelgrill gegrillt, das Fleisch nicht direkt über die Glut legen, sondern bei indirekter Hitze garen.

4. In der zweiten Hälfte der Garzeit die Schwarte jeweils mit etwas Kokoswasser übergießen oder besprühen. Das Fleisch ist gar, wenn sich der Haxenknochen leicht von der Schulter abdrehen lässt. Bei der Schweineschulter sollte eine Kerntemperatur von ca. 75 °C erreicht sein. Das Fleisch aufschneiden und mit Sayur Urab und dem Sambal servieren.

Info: Das Schwein, das Bapak Sumika auf dem Bild tranchiert, ist recht klein, ein Milchferkel, es würde für ca. 6 Personen ausreichen.

NGA

BEN

Im Bullen verbrannt

Der Kreislauf aus Tod und Wiedergeburt – Kremasi und Speiseeis

Wir sitzen im Taxi nach Ubud – genauer gesagt in einem Bluebird, wie sich hier die einzige Transportgesellschaft nennt, die nicht korrupt ist und einem noch mehr schillernde Milliardenscheine abzwacken will, als es eh schon kostet. Unsere Zeit auf Bali neigt sich dem Ende zu, und zugegeben, auch wenn wir ganz erwartungslos angekommen waren und eh schon viel mehr an Einblicken und Erlebnissen geschenkt bekommen haben, als anfangs gedacht – es schleicht sich der Frust ein, dass wir bisher noch keine *cremation* erlebt haben.

Cremation, das ist im Grunde genommen die einzige Form von Beerdigung, die es auf der Insel gibt. Der Verstorbene wird verbrannt, je nach Kaste und Wohlstandsgrad auf einem mehr oder weniger aufwendig geschmückten, hoch aufgebauten Sarg.

Seit unserer Ankunft gab es noch keine einzige Einäscherung. Der Wind steht schlecht. Alle Toten, die es zuletzt gab, sind in einem Grab zwischengebettet und werden, wenn der Moment kommt, wieder ausgegraben und dann erst durch das reinigende Feuer verabschiedet. Das kann Tage dauern, Wochen, Monate – niemand weiß es so recht vorherzusehen, wann die Priester verkünden werden, dass kremiert werden kann.

Aber egal. Wir fahren jetzt ins Locavore, eins von Asiens fünfzig besten Restaurants, um uns dort mit der spannenden Mischung aus hiesigen Zutaten und experimenteller Küche verwöhnen zu lassen.

Meine Hose klebt ein bisschen an mir, gerade noch bin ich bei der Meereszeremonie von einer großen Welle erwischt worden (ja, schon wieder). Ich klicke gedankenverloren in den Bildern auf meiner Kamera herum, der Priester, die schneeweiß gekleideten Menschen vor den großen gelben Gummienten, die Boote, die Tiere, die dem Meer geopfert werden. Schwieriges Licht, diese Mittagssonne.

Da bremst das Bluebird, fährt immer langsamer, hält an. Ich schaue hoch. Stau. Irgendwo vorn schlängeln sich viele Menschen durch die haltenden Autos, sie sind fein angezogen, tragen Etageren und Geschenke.

»Sorry, this will take a while«, entschuldigt sich der Fahrer seufzend. »Cremation.«

Ich nicke abwesend, es ist eh noch Zeit, schaue wieder herab. Erstarre.

»What did you say?«

»First day of cremation. Wind is good. Dead people burning.«

Schlagartig ist alles vergessen. Wir werfen Fuffis mit vielen Nullen dahinter in den Vordersitz, raffen unsere Dinge zusammen und sind raus.

Die Schlange der Leute ist groß, aus allen Richtungen und weit her kommen sie gewandert, wir schauen, in welche Richtung es geht: Auf einer Wiese zwischen Palmen steht ein hohes Gerüst mit geschmückten Wimpeln und Schirmchen in Gold und Rot, darunter thront ein lebensgroßer schwarzer Bulle aus Stoff, ebenso verziert und bestickt.

Der Sarg.

»Oh, das ist bestimmt eine hohe Kaste«, erklärt mir Antje. »Normale Leute werden nicht so prunkvoll verbrannt, das muss jemand Wichtiges gewesen sein.«

Wir laufen, so schnell es geht, ohne zu rennen, auf den Bullen zu. Darf man da hin? Crashen wir gerade was ganz Privates? Wie immer überkommen mich meine ideologischen Reportagefotografen Zweifel. Aber dann stehen wir auch schon mittendrin in der Trauergemeinde.

Zwischen den vielen festlich Gekleideten stechen einige Balinesen heraus, die ein rotes Shirt tragen. Darauf, auf dem Rücken, der Aufdruck eines Frauengesichts mit stilisierten Strahlen drumrum, fast wie eine Ikone, darunter der Text »Nyoman in heaven«.

Fast so was wie ... Fanshirts. Das müssen die engsten Angehörigen sein. Ein Mann, ebenso in rotem Shirt, steht bei dem Bullen, hat den Kopf auf den Sarg gelegt, umarmt den Rumpf des Stofftieres. Neben ihm zwei Priester, die den Bullen noch bepacken. In eine Öffnung auf dem Buckel des Tieres versenken sie all die Gaben, die die Menschenmenge gebracht hat: Stoffe, Kleidung, Lebensmittel. Sogar ein winziges gebratenes Babyferkelchen am Spieß verschwindet darin.

Und dann brennt es

Der Mann, wohl der Witwer, wird einfühlsam nach unten gezogen und ein paar Schritte weggeführt. Die meisten Leute sehen gar nicht so traurig aus. Sie unterhalten sich und grüßen sich lebhaft, als könne es auch eine Taufe oder eine Hochzeit sein.

»Ich glaube, eigentlich ist der Tod gar nicht so sehr mit Trauer verbunden«, flüstert mir Antje zu. »Klar trauert man um den Menschen, aber man freut sich auch für ihn, dass er jetzt in eine bessere Sphäre gekommen ist.«

Das würde zumindest die gelassene Stimmung erklären.

Einer der Priester lacht sogar laut auf, während der Buckel des Bullen nun mit einem verzierten Deckel verschlossen wird. Lange, lodernde Fackeln werden herbeigetragen.

Und dann brennt es. Meterhoch, wild, ungezähmt verschlingt das Feuer erst die filigranen Bommeln und Quasten der Schirmchen, die Stickereien am Bullenkörper, greift den schwarzen Samtstoff an, bis er aufplatzt und reißt und in Sekundenschnelle komplett verpufft. Es riecht nach verbranntem Kunststoff, das hohe Gerüst fängt an zu quietschen und irgendwann schwindelerregend zu wanken.

Die Angehörigen in Rot stehen noch ein bisschen näher daneben, die meisten anderen Leute haben sich schon weiter entfernt.

PENTOL
·CILOK
·ES LILIN
MANTAB
POLICE

NGABEN

Ngaben, auch bekannt als Pitra Yadyna oder Pelebon, ist das hinduistische Beerdigungsritual auf Bali. Es wird durchgeführt, um die Seele eines Verstorbenen zu befreien, sodass diese ins höhere Reich aufsteigen und dann auf die Wiedergeburt oder, im Idealfall, auf die Befreiung von den Wiedergeburtszyklen warten kann.

Die balinesische Hindutheologie besagt, dass es einen immerwährenden Kampf der niederen, bösen Geister gibt, die die Seele gefangen halten möchten. Eine ordentliche Kremierung steigert also die Chancen, dass die Seele den bösen Geistern entkommt und ins höhere Reich gelangt.

Eine schnelle Einäscherung ist daher wünschenswert, allerdings meist zu teuer. In der balinesischen Kultur gibt es ein Zwischenstadium, bei dem die Toten erst einmal für eine Weile in einem nahegelegenen Pura Prajapati, einer Art Übergangsfriedhof, beerdigt werden. Erst zu einem späteren Zeitpunkt wird Geld gesammelt, um mehrere Verstorbene auf einer gemeinschaftlich getragenen Kremierung zu verbrennen. Sobald die Familien finanziell bereit sind, suchen sie einen ihnen gut gesonnen Tag aus, bauen Bades (Särge) und verkünden dem Dorf den Anlass.

Die Familien errichten auch einen Patulangan (eine Art Sarg), worin sie die Körper verbrennen. Dieser erscheint oft in der Form eines Lembu (ein Sarg aus Bambus, Holz und Papier in Form eines Bullen oder eines anderen mythologischen Tiers), das sie mit dem Toten verbrennen. Oft wird auch ein Wadah, eine tempelartige Struktur, errichtet, in der der Verstorbene verbrannt wird.

Wenn der Körper für die Kremierung bereit ist, wird er gewaschen, festlich gekleidet, die Familie und Freunde statten ihren letzten Besuch ab, danach wird er von der Trauergemeinde zur Kremierung gebracht.

Gamelanmusik, rituelle Kleidung und verschiedene Handlungen takten diesen letzten Weg des Verstorbenen. Wenn auf dem Weg zum *cremation ground* Hauptstraßen überquert werden müssen, wird der Sarg dreimal um 360 Grad gedreht, um die bösen Geister zu verwirren.

Am *cremation ground* angekommen, wird der Körper in den Lembu gelegt oder auf den Wadah gehievt, Hymnen werden rezitiert und der Sarg angezündet. Während die Flammen lodern, spielt die traditionelle Beleganjur Musik, die symbolisch für den Kampf der Seele steht, die der bösen Unterwelt entkommen und das sorgenfreie höhere Reich erreichen will.

Zwölf Tage nach der Kremierung sammelt die Familie die Asche des Verstorbenen ein, füllt diese in eine Kokosnussschale, bringt sie zum Ozean und verstreut sie im Wasser, sodass die Überreste ihren Weg zurück zu den Elementen finden können.

Manis
K 6430 UP
07.22

Ich kann mich nicht erinnern, wie lange der Bulle gebrannt hat, aber ich schaue eine ganze Weile hypnotisiert zu, wie das heftige Feuer fast in Zeitlupe alles kaputt macht, was da vorhin so behutsam hindrapiert wurde. Aber es hat auch etwas Reinigendes, etwas von Erneuerung. Irgendwie. Die Stimmen werden immer lauter, als würden die Trauernden so das Feuer anfachen wollen.

Und dann, als das Gerüst schon anfängt, in seine Teile zu zerfallen und vom Bullen nur noch die Form zu erahnen bleibt, kommen sie.

Erst einer, kurz danach ein weiterer und noch einer: Kleine Foodtrucks, Mopeds mit gläsernen Lieferboxen auf dem Gepäckträger, bunte Wägelchen mit Gaskochern stellen sich in Reih und Glied ein paar Meter weiter auf einer Wiese auf.

Es gibt alles Mögliche an kühlenden Snacks, Süßes, Eis, Rujak, aber auch Bakso (Fleischklößchen in Suppe) und Tahu Isi, gefüllte Tofutaschen.

Die Menschenmenge hat sich nun komplett vom brennenden Sarg entfernt, alle stehen um die Caterer herum und suchen sich was aus. Dazu kommen noch ein paar zufällig vorbeilaufende Schulkinder in Uniform, die sich einfach dazwischenquetschen und am Süßigkeitentruck vordrängeln.

Ja, es ist wirklich so, wie es mir Antje damals erzählte, vergangenen Winter, als wir noch nichts ahnend bei mir im Münchner Fotostudio hockten.

Oma ist noch nicht zu Ende verbrannt, und nebenan wird schon Eis geschleckt.

Und es ist irgendwie okay so.

KASTEN

Die Insel Bali ordnet ihre Gesellschaft nach einem Kastensystem, das dem der Indischen Kasten sehr ähnelt. Die vier Kasten auf Bali sind:
Sudras (Shudras) – Bauern, die etwa 93 Prozent der Bevölkerung Balis ausmachen
Wesias (Vaishyas) – die Kaste der Händler und administrativen Offiziere
Satrias (Kshatriyas) – die Kaste der Krieger, die auch einen Teil der Könige und Adeligen beinhaltet
Brahmanas (Brahmins) – die Kaste der Priester

Bemerkenswert ist die Ähnlichkeit mit den vier indischen varnas (shudra, vaishya, kshatriya, brahmin), weswegen einige Forscher vermuten, dass das indonesische Kastensystem seinen Ursprung in Indien hat.
Obwohl auf der Insel schon immer ein Bewusstsein für Gemeinschaft und internen Zusammenhalt der Bevölkerung gepflegt wurde, hat jede Kaste auch einen bestimmten »Kompetenzbereich« – so sind es zum Beispiel in den meisten Regionen immer die Shudras, die Bauern, gewesen, die im Namen der Hindugläubigen den Göttern Opfer gebracht und Gebete auf den vielen Zeremonien rezitiert haben.
Die Mitglieder der vier Kasten benutzen verschiedene Ebenen der balinesischen Sprache, um Mitglieder aus anderen Kasten zu adressieren – so wird zunächst das neutrale *middle balinese* benutzt, um Menschen zu begegnen, deren Kaste man noch nicht kennt. Sobald der Status der Teilnehmer einer Unterhaltung feststeht, wird der jeweils angemessene Sprachton verwendet.
Heutzutage wird das Kastensystem eher in religiösen Settings benutzt, wo die Mitglieder aus niedrigeren Kasten die Pedandas (aus der Brahman-Kaste) um Erlaubnis bitten müssen, um Zeremonien durchzuführen.
Seit der holländischen Kolonialzeit und, noch mehr, der indonesischen Unabhängigkeit, werden die sozialen Unterschiede zwischen Kasten immer geringer, da die Regierung eine Diskriminierung aufgrund der Kastenzugehörigkeit verbietet.

Es Campur

Campur heißt »gemischt«: eine Einladung zum Austoben! Verschiedene Gelees, bunte Früchte – Campur, campur!

Für 4 Personen | Zubereitungszeit ca. 30 Minuten plus 4 Stunden Gefrier- und Gelierzeit

Für den Sirup:
1 Zitronengrasstängel
1 Vanillestange
200 g Palmzucker oder brauner Zucker
50 ml Rosensirup oder ein Spritzer Rosenwasser, alternativ auch Granatapfelsirup
200 ml Fruchtsaft (Orange, Maracuja, Mango oder Apfel)
1 Zimtstange
1 haselnussgroßes Stück Ingwer

Für das Eis:
800 ml Wasser oder Fruchtsaft

Für das Gelee:
250 g Fruchtsaft nach Belieben oder euer Lieblingssmoothie
15 g Agar Agar

Außerdem:
400 g Früchte nach Wunsch (Mango, Drachenfrucht, Jambu Air, Jackfrucht, Ananas, Papaya, Maracuja, Zitrusfrüchte, Beeren)
200 g Cincau-Grass-Gelee (gibt's im Asia-Laden, alternativ könnt ihr auch eine zweite Geleesorte wie beschrieben herstellen, z. B. mit rotem Traubensaft und Minze)
200 g cremige Kokosmilch

1. Für den Sirup das Zitronengras anstoßen, die Vanilleschote der Länge nach aufschneiden und das Mark auskratzen. Zusammen mit den anderen Zutaten aufkochen, dann abkühlen lassen. Die groben Bestandteile entnehmen, den Sirup durch ein feines Sieb streichen.

2. Für das Eis das Wasser oder den Fruchtsaft auf einem Backblech ausgießen und in der Tiefkühltruhe komplett durchfrieren lassen.

3. Für das Gelee den Saft mit Agar Agar verrühren und 2 Minuten aufkochen, in eine rechteckige Form gießen, sodass die Flüssigkeit ca. 1 cm hoch steht. Im Kühlschrank gelieren lassen. Anschließend in Würfel schneiden.

4. Das Obst putzen, gegebenenfalls schälen und klein schneiden. Das Cincau-Grass-Gelee in Würfel oder dünne Streifen schneiden.

5. Mit einer starken Küchenmaschine das Eis zerkleinern, alternativ mit einem Tortenkamm oder einem Eiskratzer abschaben. Das Eis mithilfe einer Kelle wie kleine Kuppeln in vier Schalen füllen. Obst und Geleestückchen daraufgeben und mit Sirup und cremiger Kokosmilch begießen.

Es Kelapa Muda

Junge Kokosnuss und Kokosblütenzucker – die erfrischenden Süßigkeiten der Tropen.

Für 4 Personen | Zubereitungszeit ca. 20 Minuten plus 2 Stunden Gelierzeit

20 g Agar Agar
150 ml Kokosmilch
4 EL Kokosblütenzucker
1 große junge Kokosnuss oder 2 kleine junge Kokosnüsse
400 g Eiswürfel
1 Limette

1. Das Agar Agar mit der Kokosmilch verrühren und in einem kleinen Topf zum Köcheln bringen. Zwei Drittel der Menge in eine kleine Form zum Gelieren geben. Den Rest mit dem Kokosblütenzucker verrühren und ebenfalls zum Gelieren in eine kleine Form füllen. Beides kalt stellen und nach ca. 1 Stunde in kleine Würfel schneiden.

2. Die Kokosnüsse öffnen, das Wasser dabei auffangen. Das Fleisch mit einen Löffel auskratzen und in dünne Streifen schneiden.

3. Die Eiswürfel auf 4 Gläser oder Plastikbeutel (das wäre original Bali-Style!) verteilen. Die Geleewürfel sowie das Kokosnussfruchtfleisch dazugeben. Die Limette halbieren und den Saft in die Gläser pressen. Alles mit dem Kokoswasser auffüllen und servieren.

Tipp: Junge Kokosnüsse sind einfach wunderbar – auf Bali die perfekte Erfrischung und super gesund. Mit einem sehr großen Messer, etwas Übung und Respekt kann man sie selber aufschlagen. Die Innenseite ist mit einem zarten, leicht glitschigen Fleisch ausgekleidet, dieses lässt sich einfach mit einem Esslöffel ausschaben. Wer keine jungen Kokosnüsse zur Hand hat, kann auch mit Kokoswasser arbeiten und etwas mehr Kokosgelee als Ersatz für das Fleisch zubereiten.

Es Kuwut

Erfrischende Zitruslimo mit Basilikum-Bubbles.

Für 4 Personen | Zubereitungszeit ca. 20 Minuten plus 8 Stunden Quellzeit

2 EL Basilikumsamen
2 Bio-Limetten
4 EL balinesischer Palmzucker (Gula Merah)
1 Salatgurke
½ Melone nach Wahl (Honeydew, Honig, Cantaloup, Wassermelone …)
4 Kumquats (oder Grapefruit-, Orangen-, Mandarinen- oder Limettenstückchen)
1 junge Kokosnuss, alternativ 400 ml kaltes Wasser oder Mineralwasser (still oder spritzig)
4 Handvoll Eiswürfel

1. Die Basilikumsamen mit 120 ml Wasser verrühren, kalt stellen und für ca. 8 Stunden quellen lassen.

2. Die Limetten waschen, die Schale abreiben, den Saft auspressen und beides mit dem Zucker verrühren. Die Salatgurke waschen und mit einem Sparschäler in lange Streifen schneiden – je nach Gusto mit einem gewissen Schalenanteil dabei. Die Melone schälen, entkernen und in kleine Würfel schneiden. Die Kumquats waschen und in dünne Scheiben schneiden. Falls eine Kokosnuss verwendet wird, diese öffnen, das Wasser auffangen und das junge Fleisch auslösen und in dünne Streifen schneiden.

3. Die Eiswürfel auf 4 Gläser verteilen. Die Kokosnussstreifen, Gurkenscheiben, Melonenwürfel, Kumquatscheiben und den Sirup ebenfalls gleichmäßig verteilen. Mit Kokoswasser oder Mineralwasser auffüllen.

Tipp: Wir teilen die Faszination für bubbelige Getränke mit den Balines*innen. Gekochte Tapiokaperlen, gequollene Basilikumsamen, Chia, Floh- oder auch Leinsamen machen Freude beim Trinken und tun dem Körper gut.

Apokat & Coklat Juice

Der Begriff »Juice« verharmlost diesen Avocado-Schokoladen-Shake ein bisschen. Er ist cremig, verführerisch und zum Glück auch gesund.

Für 4 Personen | Zubereitungszeit ca. 15 Minuten plus Abkühlzeit

Für die Schokosauce:
1 Vanillestange
75 g Kokosblütenzucker
75 g Kakaopulver
½ TL Zimt
1 EL Kokosöl
1 Espresso, falls gewünscht

Für den Shake:
2 Bio-Limetten
4 Avocados
200 ml Kokosmilch
800 g Crushed Eis oder Eiswürfel
80 g Kokosblütenzucker

1. Für die Schokosauce die Vanilleschote längs aufschlitzen und das Mark auskratzen. Zusammen mit den anderen Zutaten mit 200 ml Wasser verrühren, erwärmen und abkühlen lassen.

2. Für den Shake die Limetten waschen, die Schale abreiben und den Saft auspressen. Die Avocados halbieren, den Kern entfernen und das Fruchtfleisch auslösen. Zusammen mit allen anderen Zutaten in einem Blender zu einem cremigen Shake aufmixen.

3. Die Schokosauce am inneren Rand der Gläser entlanggießen, dann die Gläser sofort mit dem Shake auffüllen, um das typische Schlierenmuster zu erhalten.

Tipp: Avocados wachsen im feucht-warmen Klima Balis sehr gut. Wer Avocados essen möchte, sollte darauf achten, dass sie auch unter guten, ressourcenschonenden Bedingungen angebaut wurden.

MA

KAN

MAKAN

Gastronomie, spirituell

Tempel in der Küche, Opfergaben auf der Espressomaschine

Waterbom – das heißt auf balinesischem Englisch »Wasserbombe«, und gemeint ist der Wasserpark in Kuta, eine der Hochburgen des lauten Klischeetourismus auf Bali. In Kuta kann man surfen, essen gehen, Yoga machen, tanzen, shoppen, feiern und mit großer Wahrscheinlichkeit auch sehr unkompliziert an allerhand Drogen kommen. Der Wasserpark ist noch einer der harmloseren Bespaßungsorte mit seinen quietschbunten Riesenrutschen für alle Altersklassen, Schwimm- und Planschbecken, Wasserbombenschlachtfeldern und sonstigen Attraktionen. Ein vielfältiges gastronomisches Angebot, das den Gaumen der australischen und westlichen Touristen in jeder Laune zufriedenstellt, darf natürlich nicht fehlen, und so arbeitet im Waterbom ein großes Team an Balinesen unter der Leitung von Michael Szarata, einem deutschen Auswanderer, der seit Jahrzehnten auf der Insel das M&M Catering betreibt.

An diesem Morgen stoßen wir auf Ni Made Yorlina Dwi Pratiwi, ein junges Mädchen, das bei M&M ihre Ausbildung macht, und diese Woche dafür zuständig ist, die obligatorischen Opfergaben, die jeden Arbeitsalltag einleiten, durchzuführen.

Made ist erst schüchtern, nickt aber freundlich und sichtlich begeistert, als ich frage, ob ich bei ihrer Runde mitlaufen darf. Ich weiß, dass sie an jedem Tempel im ganzen Wasserpark sowie in jedem Arbeitsraum und an den wichtigsten Geräten eine Opfergabe hinterlassen muss. Und der Wasserpark ist echt nicht klein.

TRAINEE

Als ich zur besprochenen Zeit zu ihr komme, legt sie sich gerade den Stoffgurt um. Es wird kein spirituelles Ritual durchgeführt, ohne diesen Gürtel angelegt zu haben, er gehört zur rituellen Kleidung wie die Kebaya und der Sarong zum Tempelbesuch.

Dann packt sie ein großes Holztablett und beginnt, darauf alles bereitzustellen, was sie mitnehmen muss: ein Weckglas mit Wasser und ein Pinsel aus zusammengebundenem Bast, mit dem sie später das Wasser auf den Tempeln verteilen wird, ein Kännchen voll Kaffee, Weihrauchstäbchen in einem dicken Bündel, Streichhölzer, unzählige aufeinandergestapelte Körbchen mit Blüten, fransigem Grün, darauf ein Viereckchen Bananenblatt mit einem winzigen Häufchen Reis, Gemüse, gehackten Nüssen: die Opfergaben.

Wir gehen los, Made läuft wie auf Zehenspitzen, manchmal sieht es sogar aus, als würde sie den Boden gar nicht berühren, so luftig sind ihre Schritte. An der Poolbar werden schon die ersten bunten Cocktails geschlürft, Wasserbombenschlachten sind in vollem Gange, auf dem *Lazy River* lässt sich eine Gruppe volltätowierter australischer Touris auf aufblasbaren Gummibobs die Strömung hinuntertreiben. Made schwebt weiter in ihrem viel zu großen grünen Staff-T-Shirt. Von einer Weihrauchwolke umgeben balanciert sie ihre Opfergaben und lächelt freundlich.

Wir gehen an den *foodstalls* vorbei, an Mangsus Kaffeestation, am »Thaitalian«, an der »Climax«-Rutsche, in der man aus dem Stand einen gläsernen Tunnel hinuntergejagt wird. In jeder Zubereitungsküche, in den Büros und bei jedem Imbissstand halten wir an, die Azubine schlängelt sich durch die arbeitenden Köche und Bäcker, die Tempel sind hier meist oben in einer Ecke an der Wand angebracht. Täglich wird die Opfergabe darin ausgetauscht, ein Weihrauchstäbchen entzündet

und dann daruntergeklemmt. Zum Schluss wird das geweihte Wasser mit dem Bastpinsel drübergesprenkelt.

Maschinen und Küchengeräte sind natürlich ebenso wichtig, jede von ihnen bekommt eine praktisch zu platzierende Miniaturversion des Opfergabenkörbchens: Öfen, Herde, Kaffeemaschinen werden alle mit einem kleinen Häufchen Reis im Bananenblatt versehen, Weihwasser drüber, eine knappe Gebetsformel gesprochen, weiter. Diese Opfergabe wird den ganzen Tag dort liegen bleiben, man arbeitet einfach um sie herum.

An manchen Stellen im Park wird dann noch – nach einem Kriterium, das ich nicht wirklich entziffern kann – ein Opfer für die *bad spirits* gemacht, die, wie hier jeder weiß, den Boden bewohnen. Ein kleines Körbchen hier und da am Wegesrand, am Ende einer Treppe, ein bisschen versteckt, damit keiner hineintritt.

Am letzten Tempel dreht sich Made zu mir um. »Now I pray«, verkündet sie. Ob ich auch beten möchte, fragt sie einladend.

Der katholisch erzogene Spießer in mir findet es wieder absolut unpassend, ein Gebet einer mir nicht eigenen Religion auszusprechen, ich zögere, stammle mit Zeichensprache, irgendwie einigen wir uns darauf, dass ich einfach nur schweigend zusehe, wie sie ihr *purification ritual* durchführt. Es ist seltsam, ich habe das nun schon echt oft gesehen, und trotzdem komme ich mir jetzt wieder so vor, als würde ich in einen viel zu privaten Bereich des Lebens dieses Mädchens eindringen. Sie allerdings blendet mich einfach komplett aus und führt die gewohnte Abfolge gelassen und andächtig durch: Räucherstäbchen anzünden, eine Frangipaniblüte im Rauch schwenken, hinters Ohr stecken, Hände mit dem Wasser begießen, trinken, zusammengelegte Handflächen an die Stirn halten.

»Finished now«, sagt sie mit ihrer sanften Kinderstimme und einem Lächeln. Sie holt ein zerknittertes Kassenbonpapierchen aus der Tasche, schreibt ihre E-Mail-Adresse auf, ob ich ihr die Fotos denn schicken könne, und huscht dann schnell in die Cafeteria zur Arbeit.

Die Sonne steht wieder mal hoch und brennt ordentlich runter. Ich sollte vielleicht meinen Bikini holen. Und eine Runde im *Lazy River* abhängen.

Magic on the Island of Gods

Meine Zeit auf Bali begann magisch: Eines Nachts in Deutschland, als ich, schon im Bett liegend, im Internet nach spannenden Unternehmen suchte, mit denen ich gemeinsam gastronomische Konzepte entwickeln könnte, landete ich auf einer Website, die mich gefesselt hat: tolle Bilder von netten Menschen, spannenden Gerichten und aufregenden Events. Dazu interessante Texte und Hintergründe, eine bewegende Geschichte und insbesondere Visionen für die Food & Beverage-Branche. Erst ein paar Klicks später stellte ich fest, dass das Unternehmen auf Bali ansässig ist – wie cool! Kurzerhand schrieb ich eine E-Mail und bot meine Zusammenarbeit an. Morgens fand ich dann direkt eine Mail in meinem Account: »Dear Antje, we have to admit, you have an excellent timing!« Wie es schien wurde einen Tag vorher entschieden, eine Stelle auszuschreiben – die Anzeige war noch nicht raus, aber ich hatte mich schon beworben – *magic!*

Ein paar Wochen später war ich dann auf dem Weg in das Paradies und kaum angekommen durfte ich Teil des Teams von M&M Food Couture & Concepts sein. Der Braunschweiger Michael hat mit seiner Frau Mira, die trauriger- und tragischerweise viel zu früh verstorben ist, dieses Unternehmen gegründet. Zusammen mit seiner neuen Partnerin Tarini, einer faszinierenden Künstlerin mit thailändischen und britischen Wurzeln, führt er nun das Team von rund 100 Mitarbeitern und Mitarbeiterinnen, von denen viele schon seit Jahren im Unternehmen sind – eine große M&M-Familie.

Wie eng die Spiritualität auf Bali mit dem Alltag und der Arbeit verknüpft ist, durfte ich in diesem Cateringunternehmen immer wieder beobachten und bestaunen. So wird kein Herd genutzt, ohne dass vorher eine Opfergabe gemacht wurde, der erste Espresso aus der westlichen Siebträgermaschine wird den Göttern gegeben, jeder Küchenbereich hat seinen eigenen Tempel. Eines Tages, als ich in die Patisserie meines lieben Kollegen François kam, fand ich das große Rührgerät, mit dem normalerweise riesige Mengen Teig hergestellt werden, von einem großen Opfergesteck bedeckt – es war Tumpek Landep, der Tag, an dem alle Geräte aus Metall und Holz geehrt und dem Gott Sang Hyang Pasupati geweiht werden. Dies erklärte auch, wieso ich so viele Autos auf den Straßen gesehen hatte, die festlich dekoriert waren. Diese Wertschätzung des vermeintlich Alltäglichen hat mich sehr begeistert und kritisch an den Umgang mit unseren Ressourcen erinnert.

Die starken, smarten und schönen Frauen, die ich kennenlernen durfte, wie Mangsu, Hariyati, Ayu, Eni, Rita, Tia, Anna, Dian, Yu, Made, Phina, Emma und ihre Kolleginnen haben mich zutiefst berührt und beeindruckt. Neben ihrer gastronomischen Professionalität und allerherzlichsten Gastfreundschaft haben sie ihre Familien und deren spirituellen Alltag sowie die Rituale am Arbeitsplatz geregelt und geleitet – supercoole Frauen. Eine Ehre und Freude, diese Damen als Freundinnen zu haben, zu ihnen aufzuschauen und von ihnen zu lernen. Auch meine männlichen Kollegen haben mich bewegt und geprägt – noch nie zuvor habe ich so harmonisch, konstruktiv und entspannt mit Köchen gearbeitet. Zusammen mit meinen Kollegen in einem wilden Mix aus Englisch, »Bahasa Inggris«, und »Bahasa Bali« über Zutaten, Gerichte und Caterings zu reden und Neues zu kreieren ist ein unglaublich schönes und bereicherndes Gefühl.

Viele freie Tage gab es nicht, und doch hat sich jeder Tag wie ein besonderes Abenteuer angefühlt, sicher auch wegen Pak Gito, dem M&M-Fahrer, einem lieben Freund. Jeden Morgen sind wir zusammen über die Insel getourt, haben über das Angeln, die Familie und das Essen geredet, er hat mir viel erklärt und schnell verstanden, dass wir im Genuss verbunden sind. So ist er mal hier rechts rangefahren, um mir seine liebsten balinesischen Backwaren zum Frühstück zu präsentieren, hat mal dort angehalten, um mir das beste Spanferkel der Insel zu zeigen und mich dann allein eine Portion essen zu lassen (Pak Gito ist Moslem), hat mir alle Märkte der Insel mit allen Ständen und Produkten gezeigt und immer sofort reagiert, wenn ich aufgeregt einen Mini-Verkaufslastwagen mit exotischem Obst an Straßenrand gesichtet habe. Terima kasih, Pak Gito!

»Suda makan?«, »Hast du schon gegessen?«, die schönste Frage, die ich am liebsten immer mit Nein beantwortet hätte. Die Mittagessen mit den Kollegen waren immer besonders, oft habe ich sie mit Bapak Ari, einem der coolsten F&B-Manager, die ich kenne, zusammen genossen – wir haben beide ein Faible für Soto Ayam, dieses Rezept und die anderen Gerichte stammen aus der Kantine – *Good Food for Good Food People*.

Rückt M&M für eines der zahlreichen exklusiven Caterings auf der Insel an, so wird natürlich zum einen sichergestellt, dass zunächst jeder Herd mit einer Mini-Schale Reis als Opfer für die bösen Geister ausgestattet wird bevor Essen für die Gäste gekocht wird. Auch sonst wird kaum etwas den bösen Geistern oder dem Zufall überlassen, auch nicht das Wetter. Will man auf Bali sichergehen, dass es keinen Regen an dem Ort der Wahl gibt, so engagiert man einen Pawang hujan, einen *Cloud Pusher*. Das sind Priester oder Priesterinnen, die die Regenwolken wegdrücken können, indem sie Energie nach oben senden. Einige Priester tun dies durch ihre Gebete, manche durch das Entzünden von Räucherstäbchen oder Zigaretten, deren Rauch dann gen Himmel geschickt wird. Wieder andere beherrschen ihre Kunst sogar so gut, dass sie auch aus der Entfernung das Wetter an besonderen Orten der Insel beeinflussen können. Pak Sumika, mein lieber Kollege, der immer für einen Spaß und eine Grimasse zu haben ist, ist als Priester auch unser *Cloud Pusher* und hat das M&M-Team schon vor so mancher Regenkatastrophe bewahrt. Einmal durfte ich es erleben: Schwarze Wolken bedrohten die Hochzeitslocation auf der Halbinsel Uluwatu, während wir das Vier-Gänge-Menü für 140 Gäste schickten. Pak Sumika schickte seine Energie nach oben, hielt die Wolken ab, und kaum hatten wir alles schnell zusammengepackt und saßen in unseren Bussen, öffnete sich der Himmel, und es schüttete Hujan Deras, wolkenbruchartig. Das Brautpaar hatte nicht auf den vermeintlichen Aberglauben der Insulaner gehört: »Wenn du gutes Wetter bei deiner Hochzeit möchtest, engagiere einen Pawang Hujan!«

Ganz besondere Momente der Gemeinsamkeit und der Spiritualität sind die Zeremonien auf dem unternehmenseigenen Tempelgelände, wenn alle sich nach Feierabend herausputzen, manche Kollegen bei den aufgeführten Tänzen beteiligt sind und man nebeneinander und miteinander das *Purification Ritual* und das Gebet zelebriert. Dass die Snacks bei solch einer Zeremonie unter Gastro-Leuten natürlich die besten sind, versteht sich von selbst.

Die Zeit und die Zusammenarbeit mit dem Team von M&M war und ist für mich einer der wichtigsten professionellen, spirituellen und kollegialen Schritte in meinem Leben und eine Bereicherung sondergleichen. Die Erfahrungen, Erkenntnisse und Freundschaften, die daraus entstanden sind, werden mich mein Leben lang begleiten. Dass Vivi diese Welt miterlebt und so wunderbar festgehalten hat, ist ein besonderes Geschenk. Terima kasih, Bali!

MONIN

Pindang Basa Gede

Eines der Lieblingsgerichte unserer Kollegin auf Bali. Die Basis ist Ikan Pindang, Fisch, der zur Haltbarmachung eingesalzen wurde.

Für 4 Personen | Zubereitungszeit ca. 35 Minuten

1 Salatgurke
160 ml Kokosmilch
80 g frische Kokosnuss, geraspelt oder 50 g Kokosraspel, in 30 ml heißem Wasser gequollen
1 Bio-Limette
Meersalz
4 sehr reife Tomaten
12 kleine ausgenommene, geschuppte, gesalzene Fische, Ikan Pindang, z. B. Stöcker-/Bastard-Makrelen, kleine Makrelen, Sardinen, Heringe; falls Sie nur frischen Fisch zur Hand haben, diesen in einer 2%-igen Salzlake im Kühlschrank für mindestens 2 Tage durchziehen lassen
4 EL Pflanzenöl, z. B. Kokosöl
4 EL Bumbu Basa Gede (siehe Bumbu Basics, Seite 92 f.)
160 g Krupuk (Cracker)

1. Die Gurke waschen, mit einem geriffelten Schäler (oder einem normalen Schäler) schälen, der Länge nach halbieren, mit einem Löffel oder Pariser Ausstecher die Kerne auslösen. Die Gurkenhälften in ca. 8 mm dicke Scheiben schneiden. Die Kokosmilch mit den Kokosraspeln verrühren. Die Limette waschen, die Schale abreiben, den Saft auspressen, und beides zusammen mit einer kräftigen Prise Meersalz mit der Kokosmischung verrühren, die Gurkenscheiben untermengen.

2. Die Tomaten von den Stielansätzen befreien, waschen und grob würfeln. Die Fische trocken tupfen. Das Öl in einer Pfanne erhitzen, die Bumbu Basa Gede hineingeben und ca. 1 Minute anrösten. Die Fische hinzufügen und von beiden Seiten anbraten. Die Tomatenwürfel hinzufügen, die Hitze reduzieren, und die Fische ca. 3 Minuten köcheln lassen.

3. Die Fische mit der entstandenen Sauce, den Gurken und dem Krupuk anrichten.

Sayur Urab

Ein leichtes Gemüse mit Kokos, das zu vielen Gerichten gut passt und Frische bringt.

Für 4 Personen | Zubereitungszeit ca. 30 Minuten

Meersalz
400 g Schlangenbohnen (alternativ grüne Bohnen oder Zuckerschoten)
½ Bund Koriandergrün
200 g Mungbohnensprossen
100 g Kokosnussfleisch (oder Kokosraspel)
1 Bio-Limette
4 EL 4 EL geröstete Schalotten
2 Kalamansi oder Bio-Limetten
4 Handvoll Krupuk (Cracker)

1. Einen Topf mit Wasser und Meersalz aufsetzen und zum Kochen bringen. In der Zwischenzeit die Schlangenbohnen in ca. 5 cm lange Stücke schneiden. Den Koriander waschen, trocken schütteln, grob hacken und kühl stellen. Sobald das Wasser kocht, die Mungbohnensprossen für 10 Sekunden mithilfe eines Siebes in das kochende Wasser dippen und dann kalt abschrecken. Die Schlangenbohnen 1 Minute (normale Buschbohnen ca. 4 Minuten, Zuckerschoten nur 30 Sekunden!) blanchieren und abschrecken.

2. Das Kokosnussfleisch über offener Flamme oder unterm Grill anrösten, anschließend reiben (falls Kokosraspel verwendet werden, diese im Ofen bei 180 °C ca. 8 Minuten toasten) und mit den Bohnen, den Sprossen, dem Koriander, etwas Salz und dem Abrieb und Saft der Limette vermengen. Mit den Schalotten bestreuen und mit halbierten Kalamansi- oder Limettenstücken und dem Krupuk servieren.

Soto Ayam

Würzige, stärkende Hühnersuppe – die gecrushten Krupuk geben Knusperspannung.

Für 4 Personen | Zubereitungszeit ca. 40 Minuten plus 2 Stunden Kochzeit

2 Knoblauchzehen
2 Stängel Zitronengras
1 Suppenhuhn, ca. 1,5 kg (gern Bio oder anders langsam und glücklich gewachsen)
4 Kaffir-Limettenblätter
2 Lorbeerblätter
Meersalz
2 EL Kokosöl oder anderes Pflanzenöl
1 Rezept Bumbu Soto (siehe Bumbu Basics, Seite 92 f.)
100 g Reisnudeln
100 g Mungbohnensprossen
4 Frühlingszwiebeln
1 kleines Bund Koriander
240 g weißer Reis
2 Eier, hart gekocht
100 g Krupuk (Cracker)
2 Limetten
1 Rezept Sambal Soto (siehe Sambal School, Seite 38 f)
2 EL geröstete Schalotten

1. Den Knoblauch abziehen und grob hacken. Das Zitronengras putzen und mit dem Messerrücken anstoßen. Das Huhn waschen und in einen großen Topf mit 3 l kaltem Wasser, Knoblauch, Zitronengras, Kaffir-Limettenblättern, Lorbeerblättern und 2 Teelöffeln Salz langsam zum Köcheln bringen. Zwischendrin aufsteigende Trübstoffe mit einer Schaumkelle entfernen.

2. Das Öl in einer Pfanne erhitzen, die Bumbu hineingeben und ca. 3 Minuten anrösten. Die Reisnudeln im kalten Wasser 15 Minuten einweichen. Die Sprossen kalt abspülen. Die Frühlingszwiebeln waschen, putzen und in feine Ringe schneiden. Den Koriander waschen, trocken schütteln und grob hacken.

3. Für den Reis 480 ml Wasser in einem kleinen Topf zum Köcheln bringen. Den Reis unter fließendem kaltem Wasser abwaschen. ½ Teelöffel Meersalz und den Reis hinzufügen und mit geschlossenem Deckel bei kleinster Stufe in ca. 15 Minuten garen.

4. Das Huhn aus der Brühe nehmen, kurz abkühlen lassen, das Fleisch abzupfen. Die Bumbu Soto zur Brühe geben, kurz aufkochen und, falls nötig, mit Salz abschmecken. Die eingeweichten Reisnudeln in die Brühe geben, ca. 3 Minuten gar ziehen lassen. Das Fleisch hinzufügen.

5. Die Suppe auf Schalen verteilen, Sprossen, Frühlingszwiebeln, Koriander und je ein halbes gekochtes Ei hinzufügen. Mit gecrushten Krupuk (kurz in der Küchenmaschine zerkleinern oder im Gefrierbeutel mit dem Nudelholz zerstoßen), Limettenspalten und Sambal Soto servieren. Den Reis in Schalen dazugeben und mit den gerösteten Schalotten garnieren.

Gado Gado

Ein kräftiges, würziges Essen für einen anstrengenden Tag bei der Arbeit.

Für 4 Personen | Zubereitungszeit ca. 50 Minuten

1 kg festkochende Kartoffeln
Meersalz
1 TL Zucker
200 g Mungbohnensprossen
200 g Weißkohl
200 g Schlangenbohnen (alternativ grüne Bohnen)
4 Eier
1 Bio-Limette
1 Salatgurke
4 Frühlingszwiebeln
400 g fester Tofu
400 g Tempeh
100 g Krupuk (Cracker)

Für die Erdnusssauce:
2 Knoblauchzehen
2 Schalotten
1 kleine rote Chilischote
1 walnussgroßes Stück Ingwer
200 g Erdnüsse
2 EL Pflanzenöl (z. B. Kokosöl)
2 EL Palmzucker oder anderer brauner Zucker
2 Kaffir-Limettenblätter
200 g Kokosmilch
50 ml Ketjap Manis
Meersalz
1 Bio-Limette

1. Die Kartoffeln schälen, halbieren und in Salzwasser mit dem Zucker garen. Einen weiteren großen Topf mit Wasser aufsetzen, zum Kochen bringen und salzen. Die Sprossen für 10 Sekunden blanchieren, dann abschrecken. Den Weißkohl in Blätter zerteilen, 1 Minute blanchieren, danach abschrecken. Die Schlangenbohnen in ca. 5 cm lange Stücke schneiden und 1 Minute (normale Buschbohnen ca. 4 Minuten) blanchieren und abschrecken. Eier hart kochen, abschrecken.

2. Für die Erdnusssauce Knoblauch und Schalotten abziehen, Chilischote und Ingwer putzen, alles klein hacken. In einem kleinen Topf bei mittlerer Hitze die Erdnüsse in 1 Esslöffel Öl anrösten. 2 Esslöffel geröstete Erdnüsse entnehmen und beiseitelegen. Die gehackten Zutaten zu den übrigen Erdnüssen in den Topf geben und ebenfalls anrösten. Den Zucker, die Limettenblätter, Kokosmilch, Ketjap Manis, 200 ml Wasser und eine kräftige Prise Salz hinzufügen und ca. 10 Minuten köcheln lassen. Eine Limette waschen, abreiben, den Abrieb und den Saft zur Sauce geben. Die Kaffir-Limettenbätter wieder herausfischen, dann alles pürieren und abschmecken.

3. Die zweite Limette waschen und in Stücke schneiden. Die Salatgurke schälen und schräg in Scheiben schneiden. Die Frühlingszwiebeln waschen, putzen und schräg in Ringe schneiden. Die Eier pellen und halbieren. Die zurückbehaltenen Erdnüsse zerstoßen oder hacken.

4. Tofu und Tempeh in ca. 1 cm dicke Scheiben schneiden und salzen. Das verbleibende Öl in einer Pfanne auf mittlere Hitze bringen, Tofu und Tempeh darin kräftig von allen Seiten anbraten. Die Gemüse auf Teller verteilen, die Eier, Tofu und Tempeh hinzufügen und mit der Sauce angießen. Mit den gestoßenen Erdnüssen und den Frühlingszwiebeln toppen. Zusammen mit dem Krupuk und den Limettenspalten servieren.

Danksagung

Wir danken! Und zwar sehr vielen Leuten!
Zuerst einmal all denjenigen, die diese verrückte Entdeckungsreise möglich gemacht haben:

Fiona und Michael vom M&M Food Couture, die uns beherbergt, uns die Logistik vereinfacht, Kontakte geteilt, Überlegungen angekurbelt haben und überhaupt ein Ankerpunkt der gesamten Reise für uns waren. Danke an das gesamte und großartige M&M Team, die lieben Kollegen, die uns ermutigt, unterstützt, gestärkt und umsorgt haben. Terima kasih an Bapak Gito, der uns über die Insel gefahren und uns vertrauensvoll sein scheckheftgepflegtes Auto geliehen hat. Merci an François Seurin, der verrückteste Patissier und Freund. Danke, Bapak Sumika, dem lustigsten Priesterkollegen und *Cloud Pusher*.

Danke unseren balinesischen Wegbegleitern und Fremdenführern:
Mangsu und ihrer Familie fürs Mitnehmen und Türenöffnen und Mit-uns-Sein, als wären wir schon immer da gewesen. Wayan, dem Onkel von Baby Angga, für die wohl abgefahrenste Nacht im Tempel, die wir je erleben konnten, sowie der ganzen Familie von Baby Angga und den Dorfnachbarn aus Timbrah für ihr Vertrauen, ihre herzliche Gastfreundschaft und nicht zuletzt für die rauen Mengen an süßem Kaffee, die an diesem Tag dringend notwendig waren! Wayan, der Bäckerin, die uns Überraschungsbesucherinnen einfach mal so reingelassen hat, um uns ihre Welt zu zeigen, aus ihrem Leben zu erzählen und ihre Rezepte mit uns zu teilen. Ibu Daya für die Einführung in die Thematik der zeremoniellen Verzierungen.

All den Menschen, die uns mit einem Lächeln empfangen haben:
Den Beemo- und Taxifahrern, die uns immer heil an unsere Ziele gebracht haben.

Und was wäre so ein Projekt nur ohne die vielen helfenden Hände und mitdenkenden Kreativköpfe, die eine Welt zwischen zwei Buchdeckeln ermöglichen: Maren Richter, danke für dein blindes Vertrauen und die Gelassenheit! Eva Salzgeber, die unser Herzensprojekt so aufgenommen hat, als wäre es ihr eigenes, all diese Seiten so einfühlsam und wunderschön gestaltet und dieses kleine Wunder zu Papier gebracht hat. Alex Klubertanz, der in hohem Tempo nicht nur für Satz und Layout gezaubert, sondern auch die unzähligen Änderungswünsche von uns beiden umgesetzt hat. Elke Cramer, danke für die Geduld und Sorgfalt bei der Herstellung! Barbara Emmel für die balinesischsten Geschirrteile und Requisiten, die man für ein Rezept-Shooting in Deutschland nur bekommen kann. Gabriele Heins, die unsere Zusammenarbeit und Freundschaft mit einer Bali-Rezept-Foto-Strecke hat beginnen lassen.

Danke den Göttern, dass sie milde und großzügig mit uns waren und uns die Schönheit ihrer Insel haben erleben und genießen lassen.

Terima kasih!

Besuchen Sie uns doch auf unserem Instagram-Kanal: @eatingwiththegods

OFFI JEANS
Authentic
NY

Rezeptregister

Die meisten Zutaten, die Sie für die in diesem Buch beschriebenen Gerichte benötigen, finden Sie im Fachhandel für asiatische Lebensmittel. Palmzucker, Kemiri-Nüsse, Ketjap Manis und Co. suchen Sie am besten in der indonesischen Abteilung. Kaffir-Limettenblätter – den Duft Balis – gibt es selten frisch, aber die tiefgefrorenen Blätter sind meist von sehr guter Qualität. Frische Zutaten wie Zitronengras, Ingwer, Galgant, Kurkuma, Koriander und Sprossen gibt es auch bei gut sortierten Gemüsehändlern oder in größeren Supermärkten. Das Öl unserer Wahl ist das gesunde Kokosöl.

Quellenangaben

S. 30, »Opfergaben«: http://www.sunda-spirit.com/bali-mensch-kultur/opfer-opfergaben/

S. 128, »Namensgebung«: https://indojunkie.com/balinesische-namen/

S. 150, »Jaja-Opfer«: http://seajunction.org/event/4th-event-rice-southeast-asia-series-workshop-create-cacalan-balinese-rice-dough-offering-figures/
https://dictionary.basabali.org/Cacalan

S. 262, »Ngaben«: https://en.wikipedia.org/wiki/Ngaben

S. 267, »Kasten«: https://en.wikipedia.org/wiki/Balinese_caste_system

Impressum

ISBN 978-3-8094-4966-9

1. Auflage

Genehmigte Sonderausgabe

Gesamtkonzept: Vivi D'Angelo, Antje de Vries, Eva M. Salzgeber
Texte: Antje de Vries & Vivi D'Angelo
Fotografie: Vivi D'Angelo, Photography & Foodphotography – Visual concepts for food and beverage
Rezepte: Antje de Vries, Köchin, Culinary Identity
Projektleitung: Eva M. Salzgeber

Umschlaggestaltung: Atelier Versen, Bad Aibling, nach einem Entwurf von Eva M. Salzgeber

Das Covermotiv „Bali Jungle" wurde freundlicherweise von der Firma Masureel, Kantstraat 1, 8531 Hulste – Belgium zur Verfügung gestellt
www.masureel.com

MASUREEL

Covermotiv „Maske": www.fotolia.com
Redaktion und Satz: Dr. Alex Klubertanz, Haßfurt
Layout: Eva M. Salzgeber
Herstellung: Franziska Polenz, Birgit Olbrich
Projektleitung dieser Ausgabe: Lea Schmid

Druck und Bindung: TBB, a.s., Banská Bystrica

Printed in Slovakia

Penguin Random House Verlagsgruppe FSC® N001967
579099230121